江苏省高等学校会计学品牌专业教材

管理会计学习指导

主编 郑爱华 谢 梅
参编 郭振宇 黄 蕾

机械工业出版社

《管理会计学习指导》是《管理会计》(第2版)的配套教材,本书通过突出重点,化解难点,不但能够帮助读者学习和掌握本课程的基本内容和基本方法,而且还能帮助读者积累学习经验,提高学习兴趣,加深记忆,开拓解题思路;同时还可以帮助读者提高独立分析问题和解决问题的能力,促进理论与实践的结合。

本书既可作为会计学专业本科生及研究生的教材,也可作为从事管理工作的广大实际工作者和自学者学习管理会计理论和方法的参考用书。

图书在版编目(CIP)数据

管理会计学习指导 / 郑爱华,谢梅主编 . —北京:机械工业出版社,2020.8
江苏省高等学校会计学品牌专业教材
ISBN 978-7-111-66170-2

Ⅰ.①管… Ⅱ.①郑…②谢… Ⅲ.①管理会计-高等学校-教学参考资料
Ⅳ.① F234.3

中国版本图书馆 CIP 数据核字(2020)第 132875 号

机械工业出版社(北京市百万庄大街22号　邮政编码 100037)
策划编辑:刘鑫佳　责任编辑:刘鑫佳　孙司宇
责任校对:高亚苗　封面设计:黄祖伟　陈　沛
责任印制:孙　炜
天津嘉恒印务有限公司印刷
2020年9月第1版第1次印刷
184mm×260mm・9.5印张・227千字
标准书号:ISBN 978-7-111-66170-2
定价:29.80元

电话服务　　　　　　网络服务
客服电话:010-88361066　机　工　官　网:www.cmpbook.com
　　　　　010-88379833　机　工　官　博:weibo.com/cmp1952
　　　　　010-68326294　金　书　网:www.golden-book.com
封底无防伪标均为盗版　机工教育服务网:www.cmpedu.com

序

中国矿业大学会计学专业 1983 年开始招收本科生，2003 年成为江苏省首批"高等学校品牌专业建设点"，2006 年被正式授予省级"品牌专业"称号，2010 年被教育部、财政部遴选为"高等学校特色专业建设点"，2012 年成为江苏省高等学校本科"工商管理类重点专业"的核心专业，2019 年被教育部遴选为中央赛道的"国家一流本科专业建设点"。学科 1993 年获会计学硕士学位授予权，2011 年获会计硕士专业学位授予权，2013 年在管理科学与工程一级学科下自主增设"财务管理系统工程"二级学科博士点，已经形成了本科、专业型硕士、学术型硕士和博士研究生多层次人才培养格局。为进一步提升中国矿业大学会计学专业本科人才培养质量，彰显中国矿业大学会计学专业"立信创行"人才培养特色，扩大中国矿业大学会计学专业办学示范效应和社会声誉，建设国家一流会计学本科专业，我们组织编著和修订了这套国家一流会计学专业系列教材。

本系列教材包括《基础会计学》《中级财务会计》《成本会计学》《高级会计学》《财务管理学》《管理会计》《审计学》7 本主教材及其配套的学习指导，编著和修订的指导思想是：紧密结合中国会计改革与发展实践，适应经济全球化与人工智能时代对会计教育提出的挑战，遵循会计学专业本科教育规律，满足中国特色社会主义市场经济对会计人才的需求。各教材编著和修订力求做到"全、准、新、中、顺"，服务中国矿业大学会计学国家一流本科专业培养目标。编著和修订的具体思路是：

（1）基础性与前瞻性并重。本系列教材编著和修订既注重对各学科基础知识、基本理论和基本技能的全面介绍与准确表述，又重视科学预测与概括经济全球化、知识经济与人工智能时代各学科最新的发展动态，确保系列教材的知识含量与理论高度，以教材内容的全面性、准确性和前瞻性保证教材的稳定性。

（2）本土性与时代性并重。本系列教材编著和修订既立足于中国会计改革实践，遵循会计实际工作经验与规律，又兼顾国际会计趋同需要，实现会计国家特色与国际化的协调。同时，依据中国特色社会主义市场经济建设对高质量会计专业人才的培养需求，结合各教材特点，尽可能增加各教材的思政元素，确保系列教材的本土性与时代性特色。

（3）系统性、综合性和研究性并重。本系列教材编著和修订既突出各学科理论体系的完整性和系统性，又考虑会计学专业各主干学科之间内在逻辑联系，强调各教材内容的衔接性、互补性和综合性。各教材章节编排力求按问题提出、理论介绍、模型推演、案例分析的研究型教学范式进行编著与修订，实现系统性、综合性和研究性"三性"统一，提升系列教材的高阶性、创新性和挑战度。

由于水平和经验所限，在系列教材的编写过程中对一些问题的认识还不够深刻，各教材均可能存在不成熟或谬误之处，恳请读者批评指正。

中国矿业大学国家一流会计学专业系列教材编审委员会

前 言

本书为《管理会计》（第 2 版）的配套学习指导用书。在本书的编写过程中，充分考虑了学生学习的积极性和主动性，为了能够使学生更加深入地理解主教材所讲述的内容，以及提高学生学习的质量与效率，本书对应主教材各章提供了三部分的内容：一是思维导图，通过图示勾勒出每章的主要内容以及各部分内容之间的关系，帮助读者从整体的视角出发来阅读、理解各部分内容；二是学习指导，提出了各章的学习目标、学习重点和学习难点；三是练习题及答案，为学生准备了各种形式的练习题，目的是加深学生对相关知识点的理解和掌握，以激发学生学习的兴趣，提升其运用理论解决实际问题的能力。全书题目和内容力求紧扣主教材，贴近管理会计实践，深入浅出、通俗易懂，便于学生自学。

另外，为了满足教师教学的需要，提高学生复习的效率，我们还在机械工业出版社的教育服务网（http://www.cmpedu.com）免费提供每章的教学 PPT、"管理会计"课程的教学大纲，以及对该课程的说明、相关的参考文献等配套资源，读者可上网自行下载。

本书由郑爱华拟定编写提纲，郑爱华、谢梅任主编。各章执笔人如下：第一、二、三、十三章由郑爱华撰写；第九、十、十一章由谢梅撰写；第五、六、七、十二章由郭振宇撰写；第四、八、十四章由黄蕾撰写。感谢研究生鲍明悦、陈允晗在制图、校对等方面的付出。本书由郑爱华总纂并对本书进行了修改。

特别感谢机械工业出版社编辑对本书编写工作的大力支持和关心，尤其是刘鑫佳编辑的热心和尽职尽责，在此一并表示感谢！

尽管编者非常重视本书的编写工作，也投入了大量的时间和精力，但由于水平有限，书中难免存在不足之处，恳请广大读者批评指正。编者的邮箱是：ahuazheng@cumt.edu.cn。

编　者

目 录

序
前　言

第一章　管理会计概述 ··· 1
　　思维导图 ··· 1
　　学习指导 ··· 1
　　练习题 ··· 2
　　练习题答案 ··· 5

第二章　多维成本分析 ··· 7
　　思维导图 ··· 7
　　学习指导 ··· 7
　　练习题 ··· 8
　　练习题答案 ··· 14

第三章　变动成本计算 ··· 18
　　思维导图 ··· 18
　　学习指导 ··· 18
　　练习题 ··· 19
　　练习题答案 ··· 26

第四章　本量利分析 ··· 29
　　思维导图 ··· 29
　　学习指导 ··· 29
　　练习题 ··· 30
　　练习题答案 ··· 36

第五章　预测与决策 ··· 39
　　思维导图 ··· 39
　　学习指导 ··· 40
　　练习题 ··· 40
　　练习题答案 ··· 44

第六章　短期经营决策 ··· 48
　　思维导图 ··· 48
　　学习指导 ··· 49
　　练习题 ··· 49
　　练习题答案 ··· 58

第七章　长期投资决策 ··· 60
　　思维导图 ··· 60

学习指导 ………………………………………………………………………… 60
　　练习题 …………………………………………………………………………… 61
　　练习题答案 ……………………………………………………………………… 71
第八章　预算管理 …………………………………………………………………… 73
　　思维导图 ………………………………………………………………………… 73
　　学习指导 ………………………………………………………………………… 73
　　练习题 …………………………………………………………………………… 74
　　练习题答案 ……………………………………………………………………… 81
第九章　标准成本控制 ……………………………………………………………… 86
　　思维导图 ………………………………………………………………………… 86
　　学习指导 ………………………………………………………………………… 86
　　练习题 …………………………………………………………………………… 87
　　练习题答案 ……………………………………………………………………… 95
第十章　责任会计 …………………………………………………………………… 101
　　思维导图 ………………………………………………………………………… 101
　　学习指导 ………………………………………………………………………… 101
　　练习题 …………………………………………………………………………… 102
　　练习题答案 ……………………………………………………………………… 110
第十一章　业绩评价与管理层激励 ………………………………………………… 116
　　思维导图 ………………………………………………………………………… 116
　　学习指导 ………………………………………………………………………… 116
　　练习题 …………………………………………………………………………… 117
　　练习题答案 ……………………………………………………………………… 124
第十二章　战略管理会计 …………………………………………………………… 127
　　思维导图 ………………………………………………………………………… 127
　　学习指导 ………………………………………………………………………… 128
　　练习题 …………………………………………………………………………… 128
　　练习题答案 ……………………………………………………………………… 133
第十三章　价值链成本管理 ………………………………………………………… 135
　　思维导图 ………………………………………………………………………… 135
　　学习指导 ………………………………………………………………………… 136
　　练习题 …………………………………………………………………………… 136
　　练习题答案 ……………………………………………………………………… 138
第十四章　环境管理会计 …………………………………………………………… 141
　　思维导图 ………………………………………………………………………… 141
　　学习指导 ………………………………………………………………………… 141
　　练习题 …………………………………………………………………………… 142
　　练习题答案 ……………………………………………………………………… 143
参考文献 ……………………………………………………………………………… 145

第一章 管理会计概述

思维导图

学习指导

一、学习目的与要求

通过本章的学习，读者应了解管理会计的含义、对象和演进过程；明确管理会计的职能、特点；把握管理会计的职业道德行为准则等，为后续各章的学习奠定理论基础。

二、学习重点

本章的学习重点是理解管理会计的含义、形成和发展过程，管理会计与财务会计的区别及联系，管理会计的研究对象与职能，以及管理会计的组织。要求学生理解管理会计人员在企业中的定位，以及如何处理信息以帮助管理者做出决策。

三、学习难点

本章的难点之一是理解管理会计与财务会计的区别；另一个难点是从整体上掌握管理会计的基本理论框架。在学习过程中，读者要把握重点概念，结合理论和案例，循序渐进。

练习题

一、单项选择题

1. 下列各项中,与传统的财务会计概念相对立而存在的是( )。
   A. 现代会计　　　　　　　　　B. 企业会计
   C. 管理会计　　　　　　　　　D. 成本会计
2. 下列会计子系统中,能够履行管理会计"考核评价经营业绩"职能的是( )。
   A. 预测决策会计　　　　　　　B. 规划控制会计
   C. 对外报告会计　　　　　　　D. 责任会计
3. 在泰罗制下,采用的管理企业的方法是( )。
   A. 经验管理　　　　　　　　　B. 科学管理
   C. 现代管理　　　　　　　　　D. 传统管理
4. 下列各项中,能够作为管理会计原始雏形的标志之一,并于20世纪初在美国出现的是( )。
   A. 责任会计　　　　　　　　　B. 预测决策会计
   C. 科学管理论　　　　　　　　D. 标准成本计算制度
5. 下列各项中,属于划分传统管理会计和现代管理会计两个阶段的时间标志的是( )。
   A. 19世纪90年代　　　　　　　B. 20世纪20年代
   C. 20世纪90年代　　　　　　　D. 20世纪70年代
6. 管理会计的雏形产生于( )。
   A. 19世纪末　　　　　　　　　B. 20世纪上半叶
   C. 第二次世界大战后　　　　　D. 20世纪70年代
7. 从服务对象来看,管理会计侧重于为( )服务。
   A. 企业的投资人　　　　　　　B. 企业的债权人
   C. 企业内部各级经营管理者　　D. A+B+C
8. 管理会计以强化企业内部管理、( )为最终目的。
   A. 降低成本　　　　　　　　　B. 降低保本点
   C. 实现最大的经济效益　　　　D. 增加销售量
9. 管理会计的内容是指与其职能相适应的内容,不包括( )。
   A. 预测决策会计　　　　　　　B. 规划控制会计
   C. 责任会计　　　　　　　　　D. 财务会计
10. 管理会计与财务会计最本质的区别在于( )。
    A. 服务对象　　　　　　　　　B. 会计原则
    C. 会计方法　　　　　　　　　D. 会计假设
11. 现代会计的两大分支为( )。
    A. 预测和决策会计　　　　　　B. 规划与决策会计
    C. 财务会计和管理会计　　　　D. 责任会计与内部会计
12. 管理会计与财务会计的关系是( )。
    A. 起源相同、最终目标不同　　B. 最终目标相同、基本信息同源

C. 具体工作目标相同、服务对象交叉　　D. 服务对象交叉、概念相同
13. 在现代企业会计系统中，管理会计又可被称为（　　）。
   A. 反映企业价值的会计　　　　　　B. 外部会计
   C. 增加企业价值的会计　　　　　　D. 责任会计
14. 下列说法正确的是（　　）。
   A. 管理会计是经营管理型会计，财务会计是报账型会计
   B. 财务会计是经营管理型会计，管理会计是报账型会计
   C. 管理会计是对外报告会计
   D. 财务会计是对内报告会计

二、多项选择题

1. 管理会计的职能包括（　　）。
   A. 预测经济前景　　　　　　　　　B. 参与经济决策
   C. 规划经营目标　　　　　　　　　D. 控制经济过程
2. 管理会计不同于财务会计的特点有（　　）。
   A. 侧重于为企业内部的经营管理服务
   B. 方式方法灵活
   C. 同时兼顾企业生产经营的全局和局部两个方面
   D. 管理会计提供的内部管理报告不负有法律责任
3. 管理会计的主体有（　　）。
   A. 企业整体　　　　　　　　　　　B. 企业内部各个层次的所有责任单位
   C. 企业的最高领导　　　　　　　　D. 责任人
4. 下列各项中，不属于管理会计服务对象的有（　　）。
   A. 股东　　　　　　　　　　　　　B. 外部集团
   C. 债权人　　　　　　　　　　　　D. 企业内部的经营管理者
5. 管理会计委员会对管理会计师的品质提出的要求主要包括（　　）。
   A. 技能　　　　　　　　　　　　　B. 严守秘密
   C. 正直　　　　　　　　　　　　　D. 乐观
6. 管理会计师应具备的知识体系有（　　）。
   A. 信息和决策过程知识　　　　　　B. 会计原则和职能知识
   C. 企业经营活动知识　　　　　　　D. 以上都对
7. 下列各项中，属于正确描述决策与计划会计特征的说法包括（　　）。
   A. 它是现代管理会计形成的关键标志之一　　B. 它处于现代管理会计的核心地位
   C. 它最具有能动性　　　　　　　　D. 它能够考核评价经营业绩
8. 管理会计是由许多因素共同作用的必然结果，其中内在因素包括（　　）。
   A. 社会生产力的进步　　　　　　　B. 现代化大生产
   C. 现代管理科学的发展　　　　　　D. 资本主义社会制度
9. 下列表述中，能够揭示管理会计特征的有（　　）。
   A. 以责任单位为主体　　　　　　　B. 必须严格遵守公认的会计原则

C. 重视管理过程 D. 可以提供未来信息

10. 下列项目中，可以作为管理会计主体的有（　　）。
A. 企业整体 B. 分厂
C. 车间 D. 班组

11. 通过分析管理会计职能的时间特征，可以发现管理会计信息横跨过去、现在和未来三个时态，其中能够体现未来时态特征的职能是（　　）。
A. 预测 B. 决策
C. 控制 D. 考核

三、判断题

1. 因为管理会计最初出现在西方社会，所以可以断定它是资本主义的必然产物。
（　　）

2. 管理会计的最终目标是提高企业的经济效益。（　　）

3. 财务会计和管理会计都必须遵守企业会计准则。（　　）

4. 与财务会计不同，管理会计的信息载体多为没有统一格式的内部报告，对这些报告的种类也没有统一的规定。（　　）

5. 因为管理会计只为企业内部管理服务，所以与对外服务的财务会计有本质区别。
（　　）

6. 管理会计既能够提供价值信息，又能够提供非价值信息；既能够提供定量信息，又能够提供定性信息；既能够提供部分的、有选择的信息，又能够提供全面的、系统的信息。（　　）

7. 管理会计既为企业管理服务，又属于整个企业管理系统的有机组成部分，处于企业价值管理的核心地位。（　　）

8. 战略管理会计是当今管理会计理论研究的热点之一。（　　）

9. 财务会计是根据过去和预计的资料进行计划和控制的。（　　）

10. 管理会计从传统的、单一的会计系统中分离出来，成为与财务会计并列的独立领域，它与财务会计有着显著的区别，没有内在的联系。（　　）

11. 相对于财务会计而言，目前的管理会计体系更具有统一性和规范性。（　　）

12. 管理会计一般不涉及填制凭证和按复式记账法登记账簿的问题。（　　）

13. 管理会计的职能是客观的，但它所起到的作用大小却受到人的主观能动性的影响。
（　　）

14. 一般来说，企业管理会计工作需要由复合型高级人才来承担，因而会导致管理会计对会计人员素质的要求起点要比财务会计对会计人员的要求起点更高。（　　）

四、简答题

1. 管理会计的形成和发展经历了哪些主要阶段？
2. 简述管理会计与财务会计的区别与联系。
3. 根据美国管理会计师协会（IMA）的规范，管理会计师有责任在哪些方面遵守职业道德规范？

练习题答案

一、单选题

1-5	6-10	11-14
CBBDC	BCCDA	CBCA

二、多项选择题

1	2	3	4	5	6
ABCD	ABCD	AB	ABC	ABC	ABCD
7	8	9	10	11	
ABC	AB	ACD	ABCD	AB	

三、判断题

1-5	6-10	11-14
×√×√×	√√√××	×√√√

四、简答题

1. 管理会计的形成和发展经历了哪些主要阶段？

答：现代管理会计的形成和发展主要经历了三个阶段，即执行性管理会计阶段（20世纪初到20世纪50年代）；决策性管理会计阶段（20世纪50年代到20世纪90年代）；管理会计新发展阶段（20世纪90年代到现在）。

2. 简述管理会计与财务会计的区别与联系。

管理会计与财务会计的区别主要通过表1-1来反映：

表1-1 管理会计与财务会计的区别

区别	管理会计	财务会计
服务对象	主要为企业内部各级管理人员服务，故也称"内部会计"或"对内报告会计"	主要为企业外界有经济利害关系的团体或个人服务，故也称"外部会计"或"对外报告会计"
职能定位	解析过去、控制现在与筹划未来的有机结合，侧重在"创造价值"，增加价值	面向过去——通过记账、算账、报账，提供企业财务状况和经营成果的信息并进行解释，侧重于记录、反映价值
约束依据	不受公认会计原则或统一会计准则的约束，只服从管理人员的需要以及系统理论和"成本效益分析"原理的指导	严格遵守公认会计原则和准则体系
会计主体	主要以企业内部各级责任单位为会计主体，同时也从整个企业的全局出发，考虑决策与预算的协调配合和平衡	主要以整个企业为会计主体
会计期间	编制内部报告的会计期间有较大的弹性，完全根据管理者的需要	对外编报财务报表的会计期间很少有弹性，通常是定期编报

（续）

区别	管理会计	财务会计
会计程序	具体业务的处理程序一般不固定，有较大的选择自由，根据管理者的需要自行设计	具体业务的处理程序比较固定，并具有强制性；凭证、账簿和报表有固定格式，报表必须定期编制
会计方法	采用的方法可灵活多样，如：成本性态分析法、量本利法、边际分析法、成本效益分析法和现金流量法等，以便提出不同的备选方案供领导决策，并大量应用现代数学方法和电脑技术	在一定期间只能采用一种计算方法，以便进行纵向和横向的比较；一般只需应用简单的算术方法和原始的计算工具
行为影响	吸收行为科学以人为本的思想，最关心内部报告中的计量结果将如何影响职工的日常行为，并想方设法调动他们的主观能动性和生产积极性	最关心的是如何计量和传输财务成本信息，一般不重视职工行为的影响
准确程度	由于工作重点是着眼未来，不确定性因素较多，故提供的信息一般不要求绝对准确	由于工作重点是反映过去，通常都是肯定性的经济业务，故对它所提供的数据力求准确
信息特征	主要强调相关性和及时性，包括财务信息和非财务信息	主要强调客观性、可验证性，是以货币形式表现的财务信息

尽管管理会计与财务会计确实存在着区别，但它们之间也会相互渗透、相互补充，二者之间有着密切的联系。

首先，它们属于现代企业会计系统的两个重要领域，同属于会计信息系统，因此二者相互依存、相互制约、相互补充。

其次，二者在最终目标方面是一致的。管理会计与财务会计都服务于现代经济条件下的企业；二者都以企业经营活动及其价值表现为对象，皆必须服从于现代企业会计的总体要求，共同为实现企业目标服务。因此，管理会计与财务会计的最终目标是一致的。

最后，二者使用的原始资料有很多是相同的，都以经济信息和财务数据为主要信息源，有许多方面可以互补。例如：管理会计经常直接应用财务会计的"证""账""表"资料进行分析研究，有时还需要对它们进行必要的加工、调整、改制或延伸；财务会计有时也会把一些原属于管理会计的内部报告资料（如财务状况变动表、现金流量表等）列入对外公开发表的范围，有时还会把企业内部管理需要的主要产品的实际成本与标准成本、实际利润与目标利润的对比数作为对外报表的补充资料。

3. 根据美国管理会计师协会（IMA）的规范，管理会计师有责任在哪些方面遵守职业道德规范？

答：（1）能力；（2）保密；（3）公正；（4）客观。

第二章

多维成本分析

▶ **思维导图**

▶ **学习指导**

一、学习目的与要求

通过本章的学习,有助于提高成本信息的"决策有用性"。在学习的过程中,要明晰管理会计中不同需求的成本分类的重要性，掌握不同成本分类的特点及其内容、混合成本的分类及其分解方法；明辨相关成本和不相关成本、可控成本与不可控成本，熟悉成本性态分析的意义及其基本假设，为后续章节的学习奠定理论基础。

二、学习重点

本章的学习重点，一是不同成本分类的特点及其内容，二是混合成本的分类及其分解方法，要求读者必须深刻理解并掌握其内容；在众多的成本概念中，理解变动成本、固定成本的含义、特点及其相对性；明辨相关成本和不相关成本、可控成本与不可控成本；理解管理会计中不同需求的成本分类的重要性及其意义，以便于管理会计师所提供的信息帮助管理者做出决策和评价，提高成本信息的"决策有用性"。

三、学习难点

本章的一个难点是不同成本分类的特点及其内容，尤其是按照成本性态分析的变动成本、固定成本的含义及其特点；另一个难点是明辨相关成本和不相关成本、可控成本与不可控成本以及混合成本的分类及其分解方法。在学习过程中，读者要把握重点概念，结合理论和案例，循序渐进。

▶ 练习题

一、单项选择题

1. 在管理会计中，混合成本可用直线方程 $Y=a+bx$ 来模拟，其中 bx 表示（   ）。
   A. 单位变动成本 B. 单位固定成本
   C. 变动成本总额 D. 固定成本总额

2. 分解半变动成本的方法当中，相比较而言可以得到较准确结果的是（   ）。
   A. 高低点法 B. 目测法
   C. 散布图法 D. 回归直线法

3. 属于约束性固定成本的是（   ）。
   A. 广告费 B. 职工培训费
   C. 厂房折旧费 D. 新产品开发费

4. 一般来说，计件工资制下的直接人工费属于（   ）。
   A. 固定成本 B. 变动成本
   C. 混合成本 D. 半变动成本

5. 阶梯式混合成本又可称为（   ）。
   A. 半固定成本 B. 半变动成本
   C. 延期变动成本 D. 曲线式成本

6. 成本按性态进行分类，将直接材料、直接人工和变动性制造费用三项数额合计后统称为（   ）。
   A. 变动成本 B. 变动生产成本
   C. 变动销售成本 D. 制造费用

7. 当业务量变动时，单位固定成本将（　　）。
   A. 成正比例变化　　　　　　　　　B. 固定变化
   C. 成反比例变化　　　　　　　　　D. 降低
8. 成本按其性态分类，可分为（　　）。
   A. 可控成本与不可控成本　　　　　B. 机会成本与假设成本
   C. 产品成本和期间成本　　　　　　D. 固定成本和变动成本
9. （　　）可以揭示不同成本与业务量之间数量上的内在联系。
   A. 按经济职能分类　　　　　　　　B. 按核算目的分类
   C. 按成本性态分类　　　　　　　　D. 按可控性分类
10. 混合成本按一定方法分解后，可分为（　　）。
    A. 固定成本和变动成本　　　　　　B. 固定成本、变动成本和半变动成本
    C. 酌量性固定成本和约束性固定成本　D. 变动成本
11. 管理会计中对成本相关性的正确解释是（　　）。
    A. 与决策方案有关的成本特性　　　B. 与控制标准有关的成本特性
    C. 与资产价值有关的成本特性　　　D. 与归集对象有关的成本特性
12. 在各类固定成本中，能够在不改变企业生产经营能力的前提下降低其总额的是（　　）。
    A. 约束性固定成本　　　　　　　　B. 酌量性固定成本
    C. 半固定成本　　　　　　　　　　D. 单位固定成本
13. 在管理会计中，单耗相对稳定的外购零部件成本应当归属于（　　）。
    A. 约束性固定成本　　　　　　　　B. 酌量性固定成本
    C. 技术性变动成本　　　　　　　　D. 酌量性变动成本
14. 为排除业务量因素的影响，在管理会计中反映变动成本水平的指标一般是（　　）。
    A. 变动成本总额　　　　　　　　　B. 单位变动成本
    C. 变动成本的总额与单位额　　　　D. 变动成本率
15. 标准式混合成本也可称为（　　）。
    A. 半固定成本　　　　　　　　　　B. 半变动成本
    C. 延期变动成本　　　　　　　　　D. 曲线式成本
16. 下列项目中，属于阶梯式混合成本的是（　　）。
    A. 制造费用　　　　　　　　　　　B. 生产工人计件工资
    C. 机器设备维护保养费　　　　　　D. 检验员工资
17. 就同一企业而言，同一成本项目在不同时期可能会有不同的性态，这是因为成本在相关范围内具有（　　）。
    A. 相对性　　　　　　　　　　　　B. 暂时性
    C. 可转化性　　　　　　　　　　　D. 变动性
18. 某设备系 5 年前购置，账面原值为 100 万元，已提折旧 30 万元，折余价值为 70 万元。由于生产转轨变型，该设备不再使用，准备将其出售或出租。该项决策中设备的折余价值属于（　　）。
    A. 机会成本　　　　　　　　　　　B. 历史成本

C. 沉没成本　　　　　　　　　　D. 重置成本

19. 某企业生产甲产品，有 A、B 两个备选方案，A 方案预计可获得净收益 2 000 万元，B 方案预计可获得净收益 1 200 万元，则 A 方案的机会成本为（　　）。

A. 2 000　　　　　　　　　　　B. 800
C. 1 200　　　　　　　　　　　D. 3 200

20. 某企业现有生产能力为 10 000 机器小时，目前生产能力只利用了 70%，固定成本总额为 20 000 元。现准备利用剩余生产能力开发甲产品或乙产品，那么对当前决策而言，20 000 元固定成本属于（　　）。

A. 边际成本　　　　　　　　　　B. 可避免成本
C. 差量成本　　　　　　　　　　D. 共同成本

二、多项选择题

1. 在相关范围内保持不变的有（　　）。

A. 变动成本总额　　　　　　　　B. 单位变动成本
C. 固定成本总额　　　　　　　　D. 单位固定成本

2. 在相关范围内，固定成本的特点包括（　　）。

A. 成本总额的不变性　　　　　　B. 单位成本的不变性
C. 成本总额的反比例变动性　　　D. 单位成本的反比例变动性

3. 关于固定成本的正确表述有（　　）。

A. 在坐标图中，固定成本总额线是一条平行于横轴的直线
B. 在相关范围内，固定成本总额不随业务量变动而变动
C. 酌量性固定成本是指受管理当局短期决策行为影响的那部分固定成本
D. 在相关范围内，单位固定成本不随业务量的变动而变动

4. 混合成本随着其业务量变化的性质及具体情况不同，可分为（　　）。

A. 半变动成本　　　　　　　　　B. 阶梯式变动成本
C. 延期变动成本　　　　　　　　D. 曲线变动成本

5. 混合成本分解方法可分为（　　）。

A. 合同确认法　　　　　　　　　B. 工程技术测定法
C. 本量利分析法　　　　　　　　D. 历史成本分解法

6. 混合成本包括（　　）。

A. 间接材料　　　　　　　　　　B. 半变动成本
C. 半固定成本　　　　　　　　　D. 管理成本

7. 下列（　　）是相关成本。

A. 机会成本　　　　　　　　　　B. 沉没成本
C. 差别成本　　　　　　　　　　D. 现金支出成本

8. 下列（　　）是无关成本。

A. 共同成本　　　　　　　　　　B. 沉没成本
C. 不可避免成本　　　　　　　　D. 可延缓成本

9. 成本按经济用途可分为生产成本和非生产成本两大类，其中非生产成本包括（　　）。

A. 管理费用 B. 制造费用
C. 财务费用 D. 销售费用

10. 按经济用途对成本进行分类，其结果应包括的成本类型有（　　）。
A. 未来成本 B. 生产成本
C. 非生产成本 D. 责任成本

11. 下列项目中，属于酌量性变动成本的有（　　）。
A. 分散作业的计件工资 B. 消耗相对稳定的外购零部件成本
C. 单耗相对稳定的外购燃料成本 D. 可调换购买单位的外购材料成本

12. 由于相关范围的存在，导致固定成本和变动成本的性态均具有以下特点，即（　　）。
A. 相对性 B. 暂时性
C. 可转化性 D. 不变性

13. 依据决策的成本概念，用于处理废水、废气的环保支出属于（　　）。
A. 不可避免成本 B. 不可延缓成本
C. 专属成本 D. 沉没成本

14. 成本按反映差别的不同可分为（　　）。
A. 差别成本 B. 边际成本
C. 增量成本 D. 沉没成本

15. 下列条件中，具备机会成本特征的有（　　）。
A. 所放弃的方案的潜在收益 B. 机会成本并不导致企业实际成本支出
C. 财务会计核算时，应将机会成本入账 D. 财务会计核算时，机会成本不能入账

三、判断题

1. 酌量性固定成本是指受管理当局短期决策行为影响的那部分固定成本。（　　）
2. 采用高低点法进行成本性态分析时，若业务量最高点、最低点与成本最高点、最低点不一致时，高低点坐标的选择则以业务量为准。（　　）
3. 不论采用什么方法计提折旧，固定资产折旧费一定属于固定成本。（　　）
4. 成本性态分析的最终目的就是把全部成本分为固定成本、变动成本和混合成本三大类。（　　）
5. 沉没成本的发生通常是由于决策失误或技术进步导致的，所以它是一种相关成本。（　　）
6. 现金支出成本与沉没成本的区别在于成本发生的时间不同。（　　）
7. 按成本性态分类，制造费用可分为间接材料、间接人工和其他制造费用三个子项目。（　　）
8. 固定成本总额和单位固定成本都不受业务量变动的影响而保持固定不变。（　　）
9. 单位变动成本不受业务量变动的影响，在相关范围内保持固定不变。（　　）
10. 生产工人的工资不论采取何种工资形式，都属于变动成本。（　　）
11. 不论业务量如何变化，固定成本总额永远都是固定不变的。（　　）
12. 变动成本总额始终与业务量的变化呈正比例变动。（　　）

13. 混合成本分解中的高低点法，在选择高低点坐标时，应以成本总额为标准。
（   ）
14. 管理会计中的成本概念不强调成本发生的时态。（   ）
15. 将成本按其可辨认性分为直接成本与间接成本有利于分清各部门责任，考核其工作业绩。（   ）
16. 在管理会计中，边际成本是指业务量增加一个经济单位所引起的成本增加额。
（   ）
17. 重置成本是指某项现有的资产当初购买时的价值。（   ）
18. 专属成本是与联合成本相对应的成本。（   ）
19. 可延缓成本属于无关成本。（   ）
20. 差量成本是指两个备选方案之间的成本差异数。（   ）

四、名词解释

1. 现金支出成本
2. 沉没成本
3. 重置成本
4. 差别成本
5. 边际成本
6. 机会成本
7. 可避免成本
8. 可递延成本
9. 专属成本
10. 共同成本
11. 成本性态
12. 变动成本
13. 固定成本
14. 可控成本

五、简答题

1. 何为成本性态？在管理会计中为何要将成本按其性态进行分类？应如何分类？
2. 何谓"相关范围"？"相关范围"的概念在成本性态分析中为何具有重要意义？
3. 分解混合成本的方法主要有哪些？
4. 说明差别成本与变动成本的关系。

六、计算分析题

1. 目的：通过练习，掌握混合成本分解的合同确认法。
资料：假定某机器厂与当地供电部门在订立供电合同时，规定该厂每月需支付给供电部门变压器维持费 1 000 元，每月用电额度为 80 000 度。在额度内每度电价为 0.27 元，如超额用电，则需按正常电价的 10 倍计算。若该厂每月照明用电平均为 4 000 度，另外，该厂只生产甲产品，平均每件耗电 25 度。

要求：根据上述资料，采用合同确认法对混合成本进行分解，并分别确定：

（1）在用电额度内电费的固定成本总额和变动成本总额各为多少？试列出其混合成本公式。

（2）在超额度用电时，电费的固定成本总额和变动成本总额又各为多少？试列出其混合成本公式。

2. 某企业历史运输车辆维修费的资料如表 2-1 所示：

表 2-1　运输车辆维修费资料

年	业务量（行驶千公里）	维修费（元）	年	业务量（行驶千公里）	维修费（元）
1	220	8 800	6	195	8 620
2	210	8 700	7	190	8 600
3	205	8 680	8	180	8 560
4	202	8 670	9	170	8 360
5	200	8 660	10	160	8 400

要求：

（1）分别用高低点法、散布图法和回归直线法将维修费分解为变动成本和固定成本两部分，并写出成本公式。

（2）若下年预计车辆行驶里程为 260 千公里，则维修费用是多少？

七、案例分析

盖特威建筑公司是一家家族式企业，由萨谬尔·盖特威于 1950 年创立。起初，公司由盖特威和负责铺设煤气管道、给水管道和排水管道的三名职员组成。目前，公司聘用人数达 25～30 人，由杰克·盖特威（萨谬尔之子）领导，公司的主营业务仍是铺设管道。

盖特威公司的主要业务来自于与各市政部门签订的合同。公司所有业务均集中于纳伯拉斯卡。公司的销售收入约为 3 000 000 美元，利润在收入的 0%～10% 之间波动。

由于衰退和激烈竞争，公司的销售和利润水平都低于平均水平。鉴于激烈竞争，杰克·盖特威不断分析其他公司的投标价格；如果没有中标，他便尽力分析形成本公司与其竞争对于标价差异的原因，据此来提高未来投标的竞争力。

杰克确信盖特威公司的现行会计系统存在不足。当前的做法是，所有的费用只是简单地从收入中扣除，得到一个净收益，而并没有进一步区分铺设管线、获取合同和管理公司的成本，而投标是以铺设管线的成本为基础的。

杰克还认识到，理解成本性态极为重要。他认为，如果他能了解公司成本中哪些是变动性的，哪些是固定性的话，公司将能够提出更有竞争力的标价。比如，盖特威公司经常存在闲置设备（公司需要拥有超出必要量的设备，以备随时投标更大的工程项目），如果盖特威能够以高于其变动成本的价格并用闲置设备投标的话，将会提高操作工人的利用效率并增加其工作稳定性。事实上，如果标价高于变动成本，那么利润将同步增长，因为随着作业的增加固定成本仍保持不变。

考虑到这几点，杰克开始仔细回顾上一年度的损益表（见表 2-2）。首先，他注意到工程的定价以设备小时为基础，每设备小时平均 165 美元。可是在进行成本分类和成本性态确认时，他遇到了困难，困难之一就是如何归属他自己的 114 000 美元的薪金。他的一半时间用于投标和承揽合同上，另一半时间用于管理企业。

表 2-2　盖特威建筑公司损益表　　　　　　　　单位：美元

销售额（18 200设备小时，每小时165）		3 003 000
减　费用		
水电费	24 000	
机器操作工	218 000	
租金（办公楼）	24 000	
注册会计师费	20 000	
其他直接人工	265 700	
管理人员薪金	114 000	
监管人员薪金	70 000	
管道材料	1 401 340	
轮胎和燃油	418 600	
设备折旧费	198 000	
机械师工资	50 000	
广告费用	15 000	
小计		2 818 640
净收益		184 360

要求：

1. 将损益表中的成本按如下分类：

（1）铺设管道成本（生产成本）。

（2）获取合同成本（销售费用）。

（3）一般管理费用。对生产成本，确定其直接材料，直接人工和制造费用。公司从未有大量的在产品（大部分工作都在同一天内开工和完工）。

2. 运用要求 1 中的职能分类法，计算铺设管道的平均设备小时成本？

3. 假设唯一重要的成本动因是设备小时，并假定成本是严格固定或严格变动的，将成本按固定或变动分类。建立可描述盖特威公司成本结构的方程式。

4. 假定杰克·盖特威现有闲置设备，并准备一项有潜力的投标项目。他确信 140 美元的标价将会中标。请说明成本性态的知识将如何帮助他进行投标决策。

▶ 练习题答案

一、单项选择题

1-5	6-10	11-15	16-20
CDCBA	BCDCA	ABDBB	DBCCD

二、多项选择题

1	2	3	4	5
BC	AD	ABC	ABCD	ABD
6	7	8	9	10
ABCD	ACD	ABC	ACD	BC
11	12	13	14	15
ABCD	ABC	AB	ABC	ABD

三、判断题

1-5	6-10	11-15	16-20
√√×·××	√××√×	×××××	√×××√

四、名词解释

1. 付现成本：指那些由当前决策引起的、需要在未来动用现金支付的成本。
2. 沉没成本：指那些由过去决策引起的、企业已经支付过款项的成本。
3. 重置成本：指在目前市场条件和物价水平下重新购买相同资产所需支付的成本。
4. 差别成本：指一个备选方案的预期成本与另一个备选方案的预期成本之差。
5. 边际成本：是产量无限小的变化所引起的成本变动。实践中，边际成本通常指在生产能力相关范围内，每增加或减少一个单位产量所引起的成本变动。
6. 机会成本：指从各个备选方案中选取最优方案而放弃次优方案所丧失的潜在利益。
7. 可避免成本：成本发生与否完全取决于与之相联系的备选方案是否被采纳的成本称为可避免成本。
8. 可递延成本：在企业财力负担有限的情况下，对已决定选用的某一方案若推迟执行，还不至于影响企业大局，那么与这一方案有关的成本就称为可递延成本。
9. 专属成本：指可以明确归属于某种、某批或某个部门的固定成本，亦称为特定成本。
10. 共同成本：指那些需由多种（批）产品或多个部门共同负担的成本，如管理人员工资、办公用品费、应由各联产品共同负担的联合成本等。
11. 成本性态：成本与业务量之间的数量关系。
12. 变动成本：在一定范围内，成本总额与业务量之间保存正比例关系的成本。
13. 固定成本：在相关范围内，成本总额不随业务量变动而变动的成本。
14. 可控成本：是指在特定时期内，从一个单位或部门看，属于这个单位或部门权责范围内，能直接控制其发生的成本。

五、简答题

1. 什么是成本性态？在管理会计中为何要将成本按其性态进行分类？如何分类？

成本性态（Cost Behavior）是指成本总额与业务活动水平之间的数量依存关系。影响成本的业务活动也称为成本动因（Cost Drivers）。引起成本发生的动因有很多，常见的是与数量有关的成本动因，一般表现为业务量。

成本与业务量之间的关联是客观存在的，是成本的固有性质，研究二者之间的规律性联系，有助于企业充分挖掘内部潜力，有效地控制成本，取得最好的经济效益。

成本按其性态进行分类，是变动成本计算的基础，也是研究管理会计方法的起点。成本性态分析可以使管理者掌握成本与产（销）量变动的规律性，进而分析计算有关指标，为企业正确的经营决策和控制活动提供有价值的数据。

成本按成本性态分类分为固定成本、变动成本和混合成本。

2. 何谓"相关范围"？"相关范围"概念在成本性态分析中为何具有重要意义？

相关范围是指成本总额与业务量呈线性联系的特定时期或特定的业务量范围。

由于固定成本和变动成本相关范围的存在，使得各项成本的性态具有相对性、暂时性和可转化性的特点。因此，不应该对成本性态作绝对的理解。

成本性态的相对性是指在同一时期内，同一成本项目在不同企业之间可能具有不同的性态。因而，不能盲目照抄别人现有的成本性态分析结论。

成本性态的暂时性是指就同一企业而言，同一成本项目在不同时期可能会有不同的性态。因此，企业必须根据变化情况，经常进行成本性态分析，不能机械地把过去的分析结论看成是一成不变的。

成本性态的可转化性是指在同一时空条件下，某些成本项目可以在固定成本和变动成本之间实现互相转化，如空运公司支付的空运租金，在长期包租飞机时便是固定成本，而临时租用货位时则是变动成本。了解这一特性将有助于灵活地分析成本性态。

3. 分解混合成本的方法主要有哪些？

混合成本的分解方法通常有账户分析法、合同确认法、工程分析法和历史成本分析法。

4. 说明差别成本与变动成本的关系。

差别成本和变动成本是两个不同的概念，且二者在量上也不一定相同。在"相关范围"内，差别成本表现为该方案的相关变动成本，即等于该方案的单位变动成本与相关业务量的乘积。具体来讲，对于具有相同内容但生产能力利用程度不同的两个方案，差别成本等于变动成本增减额；当生产能力发生变动时，差别成本可能包括固定成本，若产量超出固定成本的相关范围，则此时的差别成本等于变动成本增减额与固定成本增减额之和。

六、计算分析题

1. 解：

（1）首先计算在每月用电额度内生产甲产品的最高产量：

用电额度内甲产品的最高产量
= (用电额度 - 照明用电量)/ 甲产品每件耗电量
= (80 000-4 000)/25 件 =3040 件

建立电费在额度内的混合成本公式：

用电额度内的电费混合成本

$Y=a+bx=$ (1 000+0.27 × 4 000) + (0.27 × 25)x =2 080 +6.75x

若甲产品的产量在 3 040 件以内，则电费混合成本中的固定成本总额为 2 080 元，单位变动成本为 6.75 元，变动成本总额为 6.75 乘以产量。

（2）建立电费在额度以上的混合成本公式：

用电额度以上的电费混合成本

$Y=a+bx=$ 产量 3 040 件的电费成本 + 产量 3 040 件以上部分的电费

　　$= (2\,080 +6.75 \times 3\,040) + (0.27 \times 10 \times 25)x$

　　$= 22\,600 +67.5x$

若甲产品的产量在 3 040 件以上，则电费混合成本中的固定成本总额为 22 600 元，单位变动成本为 67.5 元，变动成本总额为 67.5 乘以产量。

2. 解

（1）高低点法：$b=\dfrac{8\,800-8\,400}{220-160}=6.67$　　$a=8\,800-6.67 \times 220=7\,332.6$

$y = 7\,332.6+6.67x$

散点图法（略）

回归直线法：$a=7\,243.93$　　　$b=7.04$

$y=7\,243.93+7.04x$

（2）预计维修费 $=9\,074.33$ 元

七、案例分析

分析要点已在案例中，具体略。

第三章 变动成本计算

▶ **思维导图**

▶ **学习指导**

一、学习目的与要求

在成本性态分析的基础上,按照成本的习性来控制生产经营过程中的成本支出。通过本章的学习,读者应理解完全成本法与变动成本法的含义及区别,掌握两种成本法下利润表的编制,充分理解并掌握两种方法计算分期损益的含义及变动规律;熟悉对两种方法的评价;了解如何整合两种成本计算体系。

二、学习重点

本章的学习重点是充分理解并掌握完全成本法与变动成本法的含义及区别,掌握两种成本法下利润表的编制；充分理解并掌握用两种方法来计算分期损益的含义及变动规律；熟悉对两种方法的评价。

三、学习难点

本章的一个难点是两种成本计算法的区别；另一个难点是理解两种方法计算分期损益的含义及变动规律。在学习过程中要把握重点概念，结合理论和案例，循序渐进。

▶ 练习题

一、单项选择题

1. 当期初存货为零（或前后两期的产量相等），本期产量大于本期销售量时，完全成本法计算的税前净利和变动成本法计算的税前净利比较，是（　　）。
   A. 前者大于后者　　　　　　　　B. 前者等于后者
   C. 前者小于后者　　　　　　　　D. 以上都不对

2. 某厂只生产一种产品，其固定成本总额为 60 000 元，全年产量上年为 1 500 件，期初无存货，本年为 1 200 件，全年销售量上年为 1 300 件，本年为 1 230 件，在此条件下本年按完全成本计算税前净利和按变动成本法计算的税前净利比较是（　　）。
   A. 前者比后者多 500 元　　　　　B. 前者比后者少 500 元
   C. 前者比后者多 1 200 元　　　　D. 前者比后者少 1 200 元

3. 某产品在产量为 200 件时，总成本为 60 000 元，在产量为 300 件时，总成本为 75 000 元，则该产品的单位变动成本是（　　）。
   A. 300　　　　　　　　　　　　　B. 250
   C. 150　　　　　　　　　　　　　D. 125

4. 完全成本法下成本分类的标准是（　　）。
   A. 成本习性　　　　　　　　　　B. 经济用途
   C. 可辨认性　　　　　　　　　　D. 可盘存性

5. 在固定成本总额、单价和单位变动成本各年相同的条件下，要使变动成本法计算的各年税前净利相等则要（　　）。
   A. 各年的产量相等　　　　　　　B. 各年的销售量相等
   C. 各年的产量等于其销售量　　　D. 各年的期末存货相等

6. 在固定成本总额、单价、单位变动成本不变的条件下，要使两种成本法计算的税前净利相等的条件是（　　）。
   A. 前后两期的产量和销量都相等
   B. 期末存货吸收的固定成本等于期初存货释放的固定成本
   C. 期末存货量大于期初存货量
   D. 期末存货量小于期初存货量

7. 在其他条件相同的情况下，变动成本法计算下的单位产品成品比完全成本法计算下的单位产品成本（　　）。
   A. 相同　　　　　　　　　　　　B. 大
   C. 小　　　　　　　　　　　　　D. 无法确定

8. 如果本期销售量比上期增加，则可以断定按变动成本法计算的本期营业利润（　　）。
   A. 一定等于上期　　　　　　　　B. 应当大于上期
   C. 应当小于上期　　　　　　　　D. 可能等于上期
9. 在下列各项中，能构成变动成本法产品成本内容的是（　　）。
   A. 变动成本　　　　　　　　　　B. 固定成本
   C. 生产成本　　　　　　　　　　D. 变动生产成本
10. 在变动成本法下，销售收入与变动成本之差等于（　　）。
    A. 净利润　　　　　　　　　　　B. 营业利润
    C. 销售毛利　　　　　　　　　　D. 贡献边际
11. 如果完全成本法的期末存货成本比期初存货成本多 20 000 元，而变动成本法的期末存货成本比期初存货成本多 8 000 元，则可断定两种成本法的广义营业利润之差为（　　）。
    A. 8 000 元　　　　　　　　　　B. 12 000 元
    C. 28 000 元　　　　　　　　　　D. 20 000 元
12. 在管理会计的发展过程中，变动成本法最初被称为（　　）。
    A. 吸收成本法　　　　　　　　　B. 归纳成本法
    C. 直接成本法　　　　　　　　　D. 边际成本法
13. 若某企业连续 3 年按变动成本法计算的营业利润分别为 10 000 元、12 000 元和 11 000 元，则下列表述中正确的是（　　）。
    A. 第三年的销量最小　　　　　　B. 第二年的销量最大
    C. 第一年的产量比第二年少　　　D. 第二年的产量比第三年多
14. 下列各项中，能够揭示变动成本法局限性的表述是（　　）。
    A. 数据不正确　　　　　　　　　B. 不符合传统的成本观念
    C. 不便于记账　　　　　　　　　D. 不为管理部门所理解
15. 如果某期按变动成本法计算的营业利润为 5 000 元。该期产量为 2 000 件，销售量为 1 000 件，期初存货为零，固定性制造费用总额为 2 000 元，则按完全成本法计算的营业利润为（　　）元。
    A. 0　　　　　　　　　　　　　B. 1 000
    C. 5 000　　　　　　　　　　　D. 6 000

二、多项选择题

1. 完全成本法和变动成本法相比，正确的是（　　）。
   A. 完全成本法计算的税前净利与变动成本法计算的税前净利的差额等于完全成本法下期末存货吸收的固定制造费用与期初存货释放的固定制造费用之差
   B. 只要期末存货量等于期初存货量，任何条件下两法计算的税前净利相等
   C. 如果期初无存货，期末存货量大于零，则完全成本计算的税前净利大于变动成本法计算的税前净利
   D. 两法共同的期间成本是非制造成本即销售费用和管理费用
   E. 两法共同的产品成本是变动生产成本即直接材料、直接人工和变动性制造费用
   F. 两法的主要差别是完全成本法的产品成本要包括固定性制造费用，变动成本法不

包括它，而是将它作为期间成本，全部列入损益表，从当期销售收入中扣减

2. 变动成本法中的变动成本是（　　）。

A. 包括制造和非制造两种变动成本

B. 只包括直接材料和直接人工

C. 非制造单位变动成本等于非制造变动成本总额除以产量

D. 非制造单位变动成本等于非制造变动成本总额除以销售量

3. 变动成本法所提供的信息对强化企业管理有相当大的积极作用，如（　　）。

A. 加强成本管理　　　　　　　　B. 促进以销定产

C. 调动企业增产的积极性　　　　D. 简化成本核算

E. 满足对外报告的需要

4. 完全成本法计入当期损益表的期间成本包括（　　）。

A. 固定性制造费用　　　　　　　B. 变动性制造费用

C. 固定性销售和管理费用　　　　D. 变动性销售和管理费用

5. 在变动成本法下，产品成本包括（　　）。

A. 变动管理费用　　　　　　　　B. 变动销售费用

C. 变动制造费用　　　　　　　　D. 直接材料

E. 直接人工

6. 在变动成本法下，期间成本通常包括（　　）。

A. 固定性制造费用　　　　　　　B. 间接材料费

C. 间接人工费　　　　　　　　　D. 管理费用

E. 销售费用

7. 在完全成本法下，期间费用应当包括（　　）。

A. 制造费用　　　　　　　　　　B. 变动性制造费用

C. 固定性制造费用　　　　　　　D. 销售费用

E. 管理费用

8. 在下列各项中，能够揭示完全成本法与变动成本法区别的有（　　）。

A. 损益计算程序不同　　　　　　B. 应用的前提条件不同

C. 产品成本构成内容不同　　　　D. 常用的销货成本计算公式不同

E. 对固定成本的认识与处理方法不同

9. 下列项目中，与可能导致完全成本法和变动成本法确定的分期损益出现差异完全无关的因素有（　　）。

A. 直接材料　　　　　　　　　　B. 管理费用

C. 财务费用　　　　　　　　　　D. 销售费用

E. 固定性制造费用

10. 在期初存货不为零的情况下，完全成本法下应用"单位生产成本 × 本期销售量"计算当期销货成本的前提条件有（　　）。

A. 前后期固定成本总额不变　　　B. 前后期单位变动成本不变

C. 前后期非生产成本不变　　　　D. 前后期产量不变

E. 前后期销量不变

11. 在下列各项中，属于变动成本法应用前提条件的有（　　）。
    A. 要求进行成本性态分析
    B. 要求把属于混合成本性质的费用分解
    C. 把混合成本性质的制造费用按生产量进行分解
    D. 把混合成本性质的销售费用按销售量进行分解
    E. 把混合成本性质的管理费用按销售量进行分解
12. 下列各项中，属于完全成本法缺点的内容有（　　）。
    A. 无法揭示利润与销售量之间的依存关系
    B. 可能歪曲各部门降低成本的业绩
    C. 不利于管理者理解信息
    D. 可能导致盲目生产
    E. 计算比较复杂

三、判断题

1. 在相关范围内，不论各期产量是否相等，只要销售量相等，其按完全成本法计算的税前各期净利都相等。（　　）
2. 在确定企业的成本与利润时，完全成本法要考虑所有的成本，而变动成本法只考虑变动成本。（　　）
3. 完全成本计算法和变动成本计算法下存货成本中都包括固定成本和变动成本。（　　）
4. 变动成本法取代完全成本法不符合现行会计制度的统一要求。（　　）
5. 按照变动成本法的解释，期间成本中只包括固定成本。（　　）
6. 生产成本中的直接成本就是变动成本，间接成本就是固定成本。（　　）
7. 当存货量不为零时，按变动成本法确定的存货成本必然小于完全成本法下的存货成本。（　　）
8. 一般情况下，两种成本法分期营业利润差额的利润受到产销平衡关系的影响。（　　）
9. 变动成本法和完全成本法计入利润表的期间费用，虽然在形式上不同，但在实质上相同。（　　）
10. 当产销绝对平衡时，按变动成本法确定的存货成本必然等于完全成本法的存货成本。（　　）
11. 变动成本法的理论前提是产品成本只应该包括变动生产成本，固定生产成本必须作为期间成本处理。（　　）
12. 变动成本法既有利于短期决策也有利于长期决策。（　　）

四、简答题

1. 变动成本计算法有何优缺点？
2. 完全成本计算法与变动成本法的区别

五、计算分析题

1. 某公司生产一种产品，第一年和第二年的生产量分别为3 000件和2 400件，销售量分别为 2 000 件和 3 000 件。该公司存货计价采用先进先出法，第一年没有期初存货。单位产品售价为 15 元，单位产品变动生产成本为 5 元，固定性制造费用为 18 000 元，销售费用和管理费用（全部固定）为 2 500 元。

要求：

（1）分别采用变动成本法和完全成本法计算第一年和第二年的营业净利润。

（2）说明第一年和第二年采用两种成本法计算营业净利润发生差额的原因。

2. 设某厂只生产和销售一种产品，这种产品的单位售价为 15 元，每个月的正常生产和销售量为 5 000 件，以月正常生产量为基础确定的产品单位成本为 10.2 元，其具体组成如下：

	总成本	单位成本
变动成本	37 500	7.5
固定成本	13 500	2.7
合　计	51 000	10.2

假定生产中没有发生成本差异，存货的计价采用先进先出法，1～3 月份各月的生产量和销售量如下：

1 月份：生产 5 000 件，销售 5 000 件

2 月份：生产 5 400 件，销售 4 700 件

3 月份：生产 4 500 件，销售 5 200 件

要求：

（1）根据上述资料，分别采用变动成本法和完全成本法计算，具体确定 1～3 月各月份的净收益。

（2）具体说明 1～3 月份，各月分别采用两种成本法据以确定的净收益发生差异的原因。

（3）具体说明采用完全成本法计算所确定的 1 月份和 2 月份、2 月份和 3 月份的净收益发生差异的原因。

（4）具体说明采用变动成本法计算所确定的 1 月份和 2 月份、2 月份和 3 月份的净收益发生差异的原因。

六、案例分析

案例一：变动成本计算

（一）背景资料

某电冰箱股份有限公司连续两年亏损，总经理召集有关部门的负责人开会研究扭亏为盈的办法。会议纪要如下：

总经理：我公司去年亏损 500 万元，比前年还差。中国证监会对于连续三年亏损的企业将暂停上市交易，进行特别处理；金融机构对于连续三年亏损的企业，也将停止贷款。如果今年再不扭亏为盈，不只是我，大家的日子也不会好过。今天把大家请来，就是要大家多出点主意，想些办法。希望大家能集思广益，畅所欲言。

销售部经理：问题的关键是，我们以每台冰箱 1 650 元的价格销售，而每台冰箱的成本是 1 750 元。如果提高售价，就会面临竞争，冰箱就卖不出去。出路只有降低成本；否则，销售越多，亏损越大。

生产部经理：我不同意！每台冰箱的生产成本只有1 500元，我公司的生产设备和工艺是国内最先进的，技术力量强，熟练工人多，控制物料消耗成本的经验得到了行业学会的肯定与表扬，大家应该都还有印象。现在的问题在于生产线的设计能力是年产10万台，而因为销路打不开，去年只生产了4万台，所销售的5万台中，还有1万台是前年生产的。对了，前年的产量也是只有4万台。现在由于开工不足，大半数工人面临下岗，内部矛盾增加，人心已经涣散。

总经理：成本到底是怎么回事？

财务部经理：每台冰箱的变动生产成本是1 100元，全年固定制造费用总额是1 600万元，全年固定销售及管理费用总额是1 250万元。我建议：生产部门满负荷生产，通过扩大产量来降低单位产品负担的固定制造费用。这样，即使不提价，不扩大销售量，也能扭亏为盈，度过危机。但是，为了减少将来的风险，提高企业的市场竞争能力，今年应追加50万元改进产品质量，这笔费用计入固定制造费用；再追加150万元的固定销售费用，其中100万元用于广告宣传，50万元用于提高销售人员的待遇。

总经理：会议到此结束，会后请财务部经理马上到我办公室来一趟。

（二）要求

（1）说明去年亏损的500万元是如何计算出来的？

（2）如果采纳财务部经理的建议，不提价也不扩大销售量，而且比上年又增加50万元的固定制造费用和150万元的固定销售费用，公司能扭亏为盈吗？请按完全成本法编制该公司的损益表。

（3）如果对外报送的会计报表改为按变动成本法列报，那么采纳财务部经理的建议后，其净收益（或净亏损）应为多少？

（4）计算两种成本法下净收益的差额，并解释形成差异的原因。

（5）结合本例简要说明完全成本法及现行要求按完全成本法对外提供会计报表做法的缺陷。

案例二：变动成本法与完全成本法

凯思任药品供应部的经理已经三年了。第一年，部门净利润比上年有大幅度增加。第二年，净利润增加更多。凯思的老板，负责经营的副总经理十分高兴。他允诺，如果今年还能保持同样的利润增长，将奖励她5 000美元。凯思很高兴，她完全有信心实现这一目标。销售合同已经超过去年的水平，她还了解到成本与去年持平。

第三年末，凯思收到了三年来的经营数据。读完这些数据，凯思十分高兴。销售额比去年增加20%，成本保持稳定。可是，当她看完年度损益表后，却感到十分沮丧和困惑。第三年的利润并没有大幅度增加，相反却降低了一些。她想，一定是会计部门弄错了。

药品供应部门的会计主任弗丽达·马休斯，约见了凯思并向她解释出现异常结果的原因。

"凯思，这没有错。今年净利润确实比前两年低。这很容易通过存货的变动来解释。"

"存货？它与利润有什么关系？今年我们进行了大量的工作来管理存货。存货在过去的两年里是增加了。但今年我增加了销售量并降低了存货，这是好事，不是坏事！"

"是的，凯思。从经营角度来看确实是这样。但是，你要意识到，存货中包含着成本，这些成本直到销售后才会列示在损益表上，然后从收入中流出，减少了利润。"

"这不公平！这是否意味着即使我们出售所有存货，实现预定的成本和销售计划，我也会失去奖金。"

"是的，凯思。我很抱歉。但是，利润是确定的。我很高兴能向你解释我们如何计算利润。我们使用完全成本法，这是公认会计原则所要求的。还有另外一种成本计算方法，变动成本计算法。看来你正不自觉地使用了这种方法。"

"有两种计算利润的方法吗？它们有区别吗？"

"是的，变动成本计算法下，存货变动不影响利润。因此，如果用变动成本计算法，今年的利润就会较高，可是，过去两年的利润却会低一些。因而从长期看，利润总额相等。"

"嗯，我不知道副总经理是否会考虑采纳变动成本计算法。"

以下是凯思收到的三年来的营业数据及损益表（见表3-1和表3-2）。

表3-1　营业数据　　　　　　　　　　　　　　　　　　　　　单位：美元

项目	第一年	第二年	第三年
生产量（件）	10 000	11 000	9 000
销售量（件）	8 000	10 000	12 000
单价	10	10	10
单位成本			
固定制造费用①	2.9	3.00	3.00
变动制造费用	1.00	1.00	1.00
直接材料	1.90	2.00	2.00
直接人工	1.00	1.00	1.00
变动销售费用	0.40	0.50	0.50
实际固定制造费用	29 000	30 000	30 000
其他固定成本	9 000	10 000	10 000

① 预定固定制造费用分配率以预计生产量和预计固定制造费用为基础计算。每年预计生产量为10 000单位。任何少分配或多分配的固定制造费用都结转进主营业务成本账户。

表3-2　年度损益表　　　　　　　　　　　　　　　　　　　　单位：美元

项目	第一年	第二年	第三年
销售收入	80 000	100 000	120 000
减：产品销售成本①	54 400	66 600	87 000
毛利	25 600	33 400	33 000
减：销售和管理费用②	12 200	15 000	16 000
净利润	13 400	18 400	17 000

① 产品销售成本：

54 400＝8 000×(2.9+1.00+1.90+1.00)

66 600＝2 000×(2.9+1.00+1.90+1.00)+[11 000×(1.00+2.00+1.00)+30 000]－3 000×(3.00+1.00+2.00+1.00)

87 000＝(3.00+1.00+2.00+1.00)×12 000－(9 000×3.00－30 000)

② 销售和管理费用：

12 200＝8 000×0.4+9 000

15 000＝10 000×0.5+10 000

16 000＝12 000×0.5+10 000

讨论：

（1）解释为什么凯思会失去5000美元的奖金。

（2）用变动成本计算法编制各年度的损益表。

（3）如果你是公司的副总经理，你将选择用哪种方法（变动成本计算法还是完全成本计算法）编制的损益表来评价凯思的业绩？为什么？

▶ 练习题答案

一、单选题

1-5	6-10	11-15
AACBB	BCBDD	BCBBD

二、多项选择题

1	2	3	4	5
ACDEF	AD	ABD	CD	CDE
6	7	8	9	10
ADE	DE	ABCE	ABCD	ABD
11	12			
ABCDE	ABCDE			

三、判断题

1-5	6-10	11-12
×××√×	×√×××	√×

四、简答题

1. 变动成本法的优缺点各是什么？

答：变动成本法的优点有：

（1）变动成本法能够揭示利润和业务量之间的正常关系，有利于促使企业重视销售工作。

（2）变动成本法可以提供有用的管理信息，为企业预测前景、规划未来做出正确决策服务。

（3）变动成本法能够便于分清各部门的经济责任，有利于进行成本控制与业绩评价。

（4）采用变动成本法可以简化成本核算工作，便于加强日常管理。

变动成本法的缺点有：

（1）不符合传统的成本概念，无法用于对外提供财务报表和纳税申报，只能为企业内部管理服务。

（2）不能适应长期决策的需要。

（3）改变成本计算法可能会影响有关方面的利益。

（4）在新的技术、经济条件下，变动成本法的适用性会受到一定的影响。

2. 简述变动成本法与完全成本法的区别。

答：变动成本法与完全成本法的区别有：①应用的前提条件不同；②产品成本及期间

成本的构成不同；③销货成本和存货成本的确定方式不同；④分期损益不同；⑤提供信息的目的不同。

五、计算分析题

1.（1）变动成本法下的净利润

第一年：$P = 15 \times 2\,000 - 5 \times 2\,000 - 18\,000 - 2\,500$ 元 $= -500$ 元

第二年：$P = 15 \times 3\,000 - 5 \times 3\,000 - 18\,000 - 2\,500$ 元 $= 9\,500$ 元

完全成本法下的净利润

第一年：$P = 15 \times 2\,000 - (5 + 18\,000/3000) \times 2\,000 - 2\,500$ 元 $= 5\,500$ 元

第二年：$P = 15 \times 3\,000 - [(5 + 18\,000/3\,000) \times 1\,000 + (18\,000/2\,400 + 5) \times 2\,000] - 2\,500$ 元 $= 6\,500$ 元

（2）原因略。

2.（1）变动成本法下的净利润

1月　$P = 15 \times 5\,000 - 7.5 \times 5\,000 - 13\,500$ 元 $= 24\,000$ 元

2月　$P = 15 \times 4\,700 - 7.5 \times 4\,700 - 13500$ 元 $= 21\,750$ 元

3月　$P = 15 \times 5\,200 - 7.5 \times 5\,200 - 13\,500$ 元 $= 25\,500$ 元

完全成本法下的净利润

1月　单位产品成本 $= 7.5 + 13\,500/5\,000$ 元 $= 10.2$ 元

2月　单位产品成本 $= 7.5 + 13\,500/5\,400$ 元 $= 10.0$ 元

3月　单位产品成本 $= 7.5 + 13\,500/4\,500$ 元 $= 10.5$ 元

1月　$P = 15 \times 5\,000 - 10.2 \times 5\,000$ 元 $= 24\,000$ 元

2月　$P = 15 \times 4\,700 - (0 + 10 \times 5\,400 - 10 \times 700)$ 元 $= 23\,500$ 元

3月　$P = 15 \times 5\,200 - [(10 \times 700) + (10.5 \times 4500)]$ 元 $= 23\,750$ 元

（2）～（4）原因略。

六、案例分析

案例一：变动成本计算

（1）去年亏损：$P = (1\,650 - 1\,750) \times 5$ 万元 $= -500$ 万元

（2）完全成本法：$P = 1\,650 \times 5 - (1\,650/10 + 1\,100) \times 5 - (1\,250 + 150)$ 万元 $= 525$ 万元

（3）变动成本法：$P = 1\,650 \times 5 - 1\,100 \times 5 - 1\,650 - 1\,400$ 万元 $= -300$ 万元

（4）原因略。

（5）略。

案例二：

（1）从三年来的营业数据来看，凯思在第三年增加了销售，减少了库存，这本是应得到嘉奖的行为。但由于她所在的公司采用完全成本法计算利润，使得凯思的第三年销售成本里含有以往年度存货中包含的成本。这些成本直到销售后才会列示在损益表上，然后从收入中流出，从而减少了利润。利润指标未能完成，导致凯思失去了 5 000 美元的奖金。

（2）变动成本计算法下的损益表如表3-3 所示。

表 3-3　损益表　　　　　　　　　　　　　　　单位：美元

项目	第一年	第二年	第三年
销售收入	80 000	100 000	120 000
减：变动费用			
变动产品销售成本①	31 200	39 800	48 000
变动销售费用②	3 200	5 000	6 000
边际贡献	45 600	55 200	6 600
减：固定费用			
固定制造费用	29 000	30 000	30 000
固定销售管理费用	9 000	10 000	10 000
净利润	7 600	15 200	26 000

① 变动产品销售成本：

31 200=8 000×(1.00+1.90+1.00)

39 800=2 000×(1.00+1.90+1.00)+ 8 000×(1.00+2.00+1.00)

48 000=12 000×(1.00+2.00+1.00)

② 变动销售费用：

3 200=8 000×0.4

5 000=10 000×0.5

6 000=12 000×0.5

（3）根据所提供的材料，结合所学知识进行分析，要求自圆其说。

第四章 本量利分析

思维导图

学习指导

一、学习目的与要求

通过本章的学习,帮助读者理解本量利分析的概念、基本假设和方法,并通过本量利分析企业经营中的保本状况和盈利状况。

二、学习重点

本章的学习重点在于了解本量利分析的基本假设,掌握本量利分析的相关概念和方法,熟练掌握盈亏临界点分析、实现目标利润分析和敏感性分析的方法,掌握多品种条件下的本量利分析方法，了解不完全线性、非线性和不确定性的本量利分析的方法。

三、学习难点

本章的学习难点在于本量利的基本分析方法，当相关因素逐一发生变化时，如何有效地进行决策以及非线性和不确定性条件下的本量利分析。

练习题

一、单项选择题

1. 根据本量利分析原理，只能提高安全边际量而不会降低盈亏临界点销售量的措施是（　）。
   A. 提高单价　　　　　　　　B. 增加产销量
   C. 降低单位变动成本　　　　D. 压缩固定成本
2. 在销售量水平一定的情况下，盈亏临界点的销售量越大，说明企业的（　）。
   A. 经营风险越小　　　　　　B. 经营风险越大
   C. 财务风险越小　　　　　　D. 财务风险越大
3. 若安全边际率为40%，正常销售量为1 000件，则盈亏临界点的销售量为（　）件。
   A. 200　　　　　　　　　　B. 800
   C. 600　　　　　　　　　　D. 400
4. 某企业销售单一产品，如果固定成本不变，单价和单位变动成本等比例上升，那么盈亏临界点销售量会（　）。
   A. 上升　　　　　　　　　　B. 下降
   C. 不变　　　　　　　　　　D. 三种情况都有可能出现
5. 在本量利分析中，假定产品成本计算的基础是（　）。
   A. 吸收成本法　　　　　　　B. 制造成本法
   C. 完全成本法　　　　　　　D. 变动成本法
6. 保本作业率和安全边际率之间的关系是（　）。
   A. 两者相等　　　　　　　　B. 前者一般大于后者
   C. 后者一般大于前者　　　　D. 两者之和等于1
7. 某企业只生产一种产品，单位变动成本为36元，固定成本总额为4 000元，产品单价为56元，要使安全边际率达到50%，该企业的销售量应达到（　）件。
   A. 400　　　　　　　　　　B. 222
   C. 143　　　　　　　　　　D. 500
8. 某企业只生产一种产品，单价为6元，单位变动生产成本为4元，单位变动销售和管理变动成本为0.5元，销量为500件，则其产品边际贡献为（　）元。
   A. 650　　　　　　　　　　B. 750
   C. 850　　　　　　　　　　D. 950
9. 已知甲企业为生产和销售单一产品企业。该企业计划年度销售量为1 000件，销售单价为50元，单位变动成本为30元，固定成本总额为25 000元，则销售量、单价、单位变动成本和固定成本各因素的敏感程度由高到低排序是（　　）。

A. 单价＞销售量＞单位变动成本＞固定成本
B. 单价＞单位变动成本＞销售量＞固定成本
C. 单价＞单位变动成本＞固定成本＞销售量
D. 单价＞销售量＞固定成本＞单位变动成本

10. 销售收入为20万元，贡献毛益率为60%，其变动成本总额为（　　）万元。

A. 8	B. 12
C. 4	D. 16

11. 生产多品种产品，企业测算综合保本销售额＝固定成本总额÷（　　）。

A. 单位边际贡献	B. 边际贡献率
C. 单价—单位变动成本	D. 综合边际贡献率

12. 已知产品销售单价为24元，保本销售量为150件，销售额可达4 800元，则安全边际率为（　　）。

A. 33.33%	B. 25%
C. 50%	D. 20%

13. 企业每月固定成本为1 000元，单价为10元，计划销售量为600件，欲实现目标利润800元，则其单位变动成本为（　　）元。

A. 10	B. 9
C. 8	D. 7

14. 按照本量利分析的假设，收入函数和成本函数的自变量均为同一个（　　）。

A. 单位变动成本	B. 销售单价
C. 固定成本	D. 产销量

15. 在贡献式本量利关系图中，总成本线与变动成本线之间的距离所代表的是（　　）。

A. 边际贡献	B. 固定成本
C. 利润区	D. 亏损区

16. 下列各项中，需要先计算综合保本额和保利额的多品种本量利分析的方法是（　　）。

A. 综合边际贡献率法	B. 联合单位法
C. 分算法	D. 主要品种法

17. 某公司生产的产品，单价为2元，贡献边际率为40%，本期的保本量为20万件，其固定成本为（　　）。

A. 16万元	B. 50万元
C. 80万元	D. 100万元

18. 已知某企业经营安全程度的评价结论为"值得注意"，据此可以断定，该企业安全边际率的数值（　　）。

A. 在10%以下	B. 在10%至20%之间
C. 在20%至30%之间	D. 在30%至40%之间

19. 已知某企业的销售收入为10 000元，固定成本为2 200元，保本作业率为40%。在此情况下，该企业可实现利润是（　　）。

A. 1 800元	B. 2 300元

C. 3 300 元　　　　　　　　　　D. 3 800 元
20. 敏感系数所具有的性质是（　　）。
A. 敏感系数为正数，参量值与目标值发生同方向变化
B. 敏感系数为负数，参量值与目标值发生同方向变化
C. 只有敏感系数大于1的参量才是敏感因素
D. 只有敏感系数小于1的参量才是敏感因素

二、多项选择题

1. 本量利分析的基本假设有（　　）。
A. 相关范围假设　　　　　　　　B. 模型线性假设
C. 产销平衡假设　　　　　　　　D. 品种结构不变假设
2. 在盈亏临界图中，盈亏临界点的位置取决于（　　）等因素。
A. 固定成本　　　　　　　　　　B. 单位变动成本
C. 销售量　　　　　　　　　　　D. 销售单价
3. 下列两个指标之和为1的有（　　）。
A. 安全边际率与边际贡献率　　　B. 安全边际率与保本作业率
C. 保本作业率与变动成本率　　　D. 变动成本率与边际贡献率
4. 从盈亏临界点图得知（　　）。
A. 盈亏临界点右边，成本大于收入，是亏损区
B. 销售量一定的情况下，盈亏临界点越高，盈利区越大
C. 实际销售量超过盈亏临界点销售量的部分就是安全边际
D. 安全边际越大，盈利面积越大
5. 保本销售额可以通过以下（　　）公式计算。
A. 保本销售量 × 单位利润
B. 固定成本总额 / 边际贡献率
C. 固定成本总额 /（单价 − 单位变动成本）
D. 固定成本总额 / 加权平均边际贡献率
6. 利润 =（实际销售量 − 保本销售量）×（　　）。
A. 贡献毛益率　　　　　　　　　B. 单位利润
C. 单位边际贡献　　　　　　　　D. 单价 − 单位变动成本
7. 在下列项目中，能够决定保本点大小的因素有（　　）。
A. 固定成本　　　　　　　　　　B. 单位变动成本
C. 现有销售量　　　　　　　　　D. 销售单价
E. 目标利润
8. 在下列关于安全边际及安全边际率的描述中，内容正确的有（　　）。
A. 安全边际是现有销售额超过盈亏临界点销售额的部分
B. 安全边际率是安全边际量与现有销售量之比
C. 安全边际率与保本作业率之和为1
D. 安全边际率越大，企业发生亏损的可能性就越大

E. 安全边际率能揭示确保企业不亏损的销量下降幅度

9. 下列各项中，属于安全边际指标表现形式的有（　　）。
   A. 安全边际量　　　　　　　　　　B. 安全边际率
   C. 安全边际额　　　　　　　　　　D. 保本作业率
   E. 边际贡献率

10. 当企业处于保本状态时，就意味着（　　）。
    A. 总收入等于总成本　　　　　　　B. 利润等于零
    C. 边际贡献大于固定成本　　　　　D. 边际贡献小于固定成本
    E. 边际贡献等于固定成本

11. 假设企业其他条件不变，只有固定成本总额从10 000元降到9 000元，则（　　）。
    A. 保本点销售额减少1 000元　　　 B. 利润增加1 000元
    C. 保本点下降10%　　　　　　　　D. 利润增长10%

12. 因为企业存在固定成本，所以（　　）。
    A. 边际贡献总额大于利润　　　　　B. 经营杠杆系数大于1
    C. 经营杠杆系数等于1　　　　　　D. 经营杠杆系数等于0

13. 如果利润变动率和销售变动率相等，则（　　）。
    A. 固定成本总额等于0　　　　　　 B. 固定成本总额等于1
    C. DOL=0　　　　　　　　　　　　D. DOL=1

三、判断题

1. 某企业的变动成本率为60%，安全边际率为40%，则其销售利润率为24%。（　　）
2. 变动成本率高的企业，边际贡献率也高，创利能力也强。（　　）
3. 超过盈亏临界点以上的安全边际所提供的边际贡献就是企业的利润。（　　）
4. 盈亏临界点不变，业务量越大，能实现的利润就越多。（　　）
5. 单价的敏感系数肯定大于固定成本的敏感系数。（　　）
6. 从单价的敏感系数特征来看，涨价是企业提高盈利的最有效手段。（　　）
7. 敏感系数为负数，表明它和利润同向变动。（　　）
8. 当企业的贡献边际等于固定成本时，企业处于保本状态。（　　）
9. 通常，贡献边际是指产品贡献边际，即销售收入减去生产制造过程中的变动成本和销售费用、管理费用的变动部分之后形成的差额。（　　）
10. 若单位产品售价与单位变动成本发生同方向、同比例变动，则保本量不变。（　　）
11. 保本作业率能够反映企业在保本状态下生产经营能力的利用程度。（　　）
12. 在多品种条件下，若整个企业的利润为零，则说明各产品均已达到保本状态。（　　）
13. 标准式本量利关系图主要适用于多品种条件下的本量利分析。（　　）
14. 在单一品种保本点的各种确定方法中，不受计算顺序的限制，可以同时计算出保本量和保本额，又十分准确的方法是贡献边际法。（　　）

四、计算分析题

1. 某企业生产 A 产品 10 000 件,单价为 20 元,每单位变动成本为 12 元,固定成本为 16 000 元。

要求:

(1) 计算目前盈亏临界点的销售量。

(2) 该企业生产能力还有剩余,据调查,降价 30%,可使销售量翻倍,降价后可实现的目标利润是多少?

2. 假设某企业生产销售单一产品,每年产销量为 50 000 件,单价为 24 元,单位变动成本为 18 元,固定成本总额为 150 000 元,目前年利润达 150 000 元,计划年度目标利润为 250 000 元。

要求:如要保证目标利润实现,计算计划年度目标利润的影响因素变化的上下限。

3. 甲公司生产甲、乙、丙三种产品。为使公司利润最大化,公司正在研究如何调整三种产品的生产结构,公司每月固定制造费用为 400 000 元,每月固定期间费用为 300 056 元。具体资料如表 4-1 所示:

表 4-1 甲公司资料

项目	甲产品	乙产品	丙产品
每月产销量/件	1 400	1 000	1 200
销售单价/元	600	900	800
单位变动成本/元	400	600	450

要求:计算当前三种产品的边际贡献总额、加权平均边际贡献率和盈亏临界点的销售额。

4. 某企业生产和销售单一产品,计划年度内有关数据预测如下:销售量为 100 000 件,产品单价为 30 元,单位变动成本为 20 元,固定成本为 200 000 元。假定销售量、单价、单位变动成本和固定成本均分别增长率 10%。

要求:计算各因素的敏感系数。

5. 某公司只生产一种产品,2019 年销售收入为 1 200 万元,税前利润为 120 万元,变动成本率为 60%。

要求:

(1) 计算该公司 2019 年的固定成本。

(2) 计算 2019 年该公司的保本销售额。

6. 某公司 2019 年销售收入为 180 000 万元,销售成本为 160 000 万元,其中,固定成本为 88 000 万元,若 2020 年计划增加广告费 3 200 万元,产品单价仍为 40 元/件。

要求:

(1) 预测 2020 年该公司的保本点。

(2) 若 2020 年计划实现目标利润 52 800 万元,则目标销售额应为多少?

7. 某公司只销售一种产品,2019 年单位变动成本为 20 元/件,变动成本总额为 64 000 000 元,共获税前利润 36 000 000 元,若该公司计划于 2020 年维持销售单价不变,变动成本率仍维持在2019年的40%。

要求：

（1）预测2020年的保本销售量。

（2）若2020年的计划销售量比2019年提高8%，则可获得多少税前利润？

五、案例分析

常印冰淇淋加工厂决策分析

常印曾是一名乡镇企业的经营策划者，他一直渴望成为一个老板，因此，他随时都在寻找发展事业的大好时机。

常印的家就在镇政府所在地，该镇每逢公历的2、5、8日都有集市，方圆近百里的人都会到这里赶集。常印发现，每逢集市，都有百里以外的企业到这里批发或零售雪糕和冰淇淋。大小商贩、个人要排很长的队才能买到，天气转热以后更是如此。有的人很早来排队，但到最后还是两手空空悻悻而归，他也时常看到乡村的娃娃花高价却吃了劣质的冰淇淋。于是他想自己创办一个冰淇淋加工厂，让父老乡亲可以吃到价廉可口的冰淇淋。常印坚定了信心，开始进行市场调查。

（1）需求量资料。周边5个乡镇，每个乡镇约有人口数8万，总计约40万人。按现有生活水平和消费观念估算，即使在11～12月、1～4月的淡季，每日也需要40 000支冰淇淋；在5～10月，每日则需要的80 000～90 000支冰淇淋。经咨询有关部门测算，若考虑乡镇之间远近和其他竞争市场的因素，该加工厂只要能保证冰淇淋的质量，价格合理，就能够占有60%～65%的市场份额，即在淡季日需求量达到24 000～26 000支，旺季日需求量达到48 000～58 500支。

（2）成本费用资料。为了减少风险，常印打算去冷饮厂租赁设备，全套设备年租金需要45 000元（可用房地产等实物作抵押，不必支付货币现金）；租库房和车间每月固定支付租金2 000元，工人可到市场随时招聘，按现行劳务报酬计算，每生产1 000支冰淇淋应支付各类工人（包括熬料、打料、拨模和包装工人）计件工资28元；聘用管理人员、采购人员各1名，月薪分别为1 500元；技术人员1名，月薪2 000元（包括设备维护和修理）；每月固定支付卫生费和税金1 000元。在生产冰淇淋时，按市场价格计算所耗各种费用如下（以每锅料为标准，每锅料可生产1 000支冰淇淋）：

① 主要材料：188元（淀粉：100元，奶粉：56元，白砂糖：30元，食用香精：2元）。

② 其他：52元（水费：3元（其中1元为冰淇淋所耗用），电费：15元，煤炭费：5元，氨（制冷用）：4元，包装纸、棍：25元）。

（3）生产能力。从设备的运转能力看，日生产能力12锅；考虑机器设备的维修，节假日和天气情况（阴雨天）等原因，预计全年可工作300天左右。

（4）定价。按现行同等质量冰淇淋的市场平均价格定价为0.368元/支。

（5）资金来源。依靠个人储蓄（不考虑利息费用）。

要求：

（1）试用本量利分析常印冰淇淋加工厂是否应开业。

（2）每年能获利多少？

（3）若要年获利25万元，能实现吗？如不能实现，可以采用哪些措施？可行吗？

练习题答案

一、单项选择题

1-5	6-10	11-15	16-20
BBCBD	DABCA	DBDDB	AABCA

二、多项选择题

1	2	3	4	5
ABCD	ABD	BD	CD	BC
6	7	8	9	10
CD	ABD	ABCE	ABC	ABE
11	12	13		
BC	AB	AD		

三、判断题

1-5	6-10	11-14
××√√√	√×√√×	×√×√

四、计算分析题

1.
（1）盈亏临界点的销售量 = 16 000/(20-12) 件 = 2 000 件
（2）可实现利润 = 10 000 × 2 × [20 × (1-30%)-12]-16 000 元 = 24 000 元

2. 目标利润 = (单价 - 单位变动成本) - 固定成本，故目标利润的影响因素包括单价、单位变动成本、预计销量和固定成本。
（1）假设单价、单位变动成本、固定成本都不变：
实现目标利润的销售量 = (250 000+150 000) ÷ (24-18) 件 ≈ 66 667 件
故实现目标利润的销售量必须达到 66 667 件。
（2）假设单价、单位变动成本、预计销量不变：
实现目标利润的固定成本 = (24-18) × 50 000-250 000 元 = 50 000 元
故实现目标利润的固定成本必须降到 50 000 元。
（3）单位变动成本、固定成本、预计销量不变：
实现目标利润单价 = (250 000+150 000) ÷ 50 000+18 元/件 = 26 元/件
故实现目标利润的单价必须提高到 26 元/件。
（4）单价、预计销量、固定成本不变：
实现目标利润的单位变动成本 = 24-(250 000+150 000) ÷ 50 000 元/件 = 16 元/件
故实现目标利润的单位变动成本必须降低到 16 元/件。

3. 甲产品的边际贡献 = 1 400 × (600-400) 元 = 280 000 元
乙产品的边际贡献 = 1 000 × (900-600) 元 = 300 000 元
丙的边际贡献 = 1 200 × (800-450) 元 = 420 000 元
边际贡献总额 = 28 000+30 000+42 000 元 = 1 000 000 元

销售收入总额 =1 400×600+1 000×900+1 200×800 元 =2 700 000 元

加权平均边际贡献率 =1 000 000/2 700 000=37.04%

盈亏临界点销售额 = (400 000+300 056)/37.04% 元 =1 890 000 元

4. 预计目标利润 = (30-20)×100 000-200 000 元 =800 000 元

（1）销售量的敏感程度：

销售量 =100 000×(1+10%) 件 =110 000 件

利润 = (30-20)×110 000-200 000 元 =900 000 元

利润变化百分比 = (900 000-800 000)/800 000=12.5%

销售量的敏感系数 =12.5%/10%=1.25

（2）销售单价的敏感程度：

单价 =30×(1+10%) 元 =33 元

利润 = (33-20)×100 000-200 000 元 =1 000 000 元

利润变化百分比 = (1 000 000-800 000)/800 000=25%

单价的敏感系数 =25%/10%=2.5

（3）单位变动成本的敏感程度：

单位变动成本 =20×(1+10%) 元 =22 元

利润 = (30-22)×100 000-200 000 元 =600 000 元

利润变化百分比 = (600 000-800 000)/800 000=-25%

变动成本的敏感系数 =-25%/10%=-2.5

（4）固定成本的敏感程度：

固定成本 =200 000×(1+10%) 元 =220 000 元

利润 = (30-20)×100 000-220 000 元 =780 000 元

利润变化百分比 = (780 000-800 000)/800 000=-2.5%

固定成本的敏感系数 =-2.5%/10%=-0.25

5.（1）变动成本 =1 200×60% 万元 =720 万元　固定成本 =1 200-720-120 万元 =360 万元

（2）保本额 = 360/(1-60%) 万元 =900 万元

6.（1）销售量 = 180 000/40 件 =4 500 件　单位变动成本 = (160 000-88 000)/4 500 元 / 件 =16 元 / 件

保本量 = (88 000+3 200) / (40-16) 件 =3 800 件　保本销售额 =3 800×40 元 =152 000 元

（2）(88 000+3 200+52 800) / (40-16)×40 元 =240 000 元

7.（1）2019 年销售量 = 64 000/20=3 200 千件

2019 年销售单价 = 20/40%=50 元 / 件

2019 年固定成本 = 3 200×(50-20)-36 000=60 000 千元

2020 年保本销售量 =60 000/(50-20)=2 000 千件

（2）2020 年税前利润 =1 000×50×3 200×(1+8%)-1 000×20×3 200×(1+8%)-1 000×60 000 元 =43 680 000 元

五、案例分析

1. 试用本量利分析常印冰淇淋厂是否应开业。

（1）成本资料分析如下：

单位变动成本：268 元（材料 188 元，生产工人工资 28 元，变动制造费用 52 元）。

固定成本：141 000元（固定性制造费用129 000元，包括生产管理人员工资36 000元（1 500×2×12），技术人员工资24 000元，设备租金45 000元，车间仓库租金24 000元（2 000×12）；其他固定性费用12 000元）。

单价：368元（0.368×1 000）。

年销售量：日生产能力12 000支（1 000×12）<需求量，所以每天利用最大生产能力仍然供不应求，年销售量相当于3 600锅（12×300）。

（2）保本点＝固定成本/（单价－单位变动成本）＝141 000/（368-268）锅＝1 410锅

因为盈亏临界点1 410锅小于年销量3 600锅，所以该冰淇淋加工厂可以开业。

2. 每年能获利多少？

预计利润＝（单价－单位变动成本）× 销售量－固定成本
　　　　＝(368-268)×3 600-141 000元
　　　　＝219 000元

3. 若要年获利25万元，能实现吗？如不能实现，可以采用那些措施？可行吗？

根据上述条件，不能实现年获利250 000元的利润目标，若想实现，应从以下方面努力：

（1）降低单位变动成本。

单位变动成本＝单价－（目标利润＋固定成本）/销售量
　　　　　　＝368-(250 000+141 000)/3 600元
　　　　　　＝259.39元

如果其他条件不变，将单位变动成本降低到259.39元（降低成本8.61元），就目前的物价和工资水平看，可能会影响产品质量，导致市场销量下降，甚至会影响企业形象。该方法不太可行。

（2）降低固定成本。

固定成本＝（单价－单位变动成本）× 销售量－目标利润
　　　　＝(368-268)×3 600-250 000元
　　　　＝110 00元

如果其他条件不变，将固定成本降低到110 000元（降低成本31 000元），就目前企业状况来看，该方法不太可行。

（3）扩大销量。

从上述调查和分析可以看出，企业产品供不应求，完全可以扩大销量增加利润，但是设备生产能力不允许。

（4）提高单价。

单价＝单位变动成本＋（目标利润＋固定成本）/销售量
　　＝268+(250 000+141 000)/3 600元
　　＝376元

其他条件不变，将单价提高到376元，就目前市场同类产品的价格来看，均低于370元，如果提价，将影响产品销量。该方法不太可行。

（5）扩大规模。

从上述分析来看，扩大规模可以实现目标利润。租用设备、雇用人员，就市场需求量来看是可行的，但是资金状况、车间等承租情况还要进行进一步调查。

第五章

预测与决策

▶ 思维导图

学习指导

一、学习目的与要求

本章的学习目的是使读者在了解预测分析相关概念的基础上,掌握预测的基本方法及应用技巧,能够熟练掌握常见的定性和定量方法并组织预测,熟悉决策的概念及其与预测的关系,程序等。

通过本章的学习,要求读者了解预测和决策的基本概念、特点、程序、分类及其基本内容;掌握定量和定性两类方法的特征和关系,熟悉相关方法的特点和适用范围。

二、学习重点

本章的学习重点是了解预测在企业经营管理中的重要地位,明确预测与决策的相互关系,以及掌握不同预测方法在不同情境下的灵活应用。

三、学习难点

本章的一个难点是重视不同的竞争战略、不同的市场环境对预测和决策逻辑的影响;另一个难点是不同的预测对象的各自发展趋势有其自身的规律性,在进行企业经济活动的预测分析时,要针对不同的预测对象,选择适宜的预测方法灵活应用。

练习题

一、单项选择题

1. 运用现代数学方法对历史数据进行科学的加工处理,并建立数学经济模型,揭示各有关变量之间的规律性联系,该预测方法属于（　　）。
   A. 定性分析法　　　　　　　　B. 加权平均法
   C. 定量分析法　　　　　　　　D. 回归直线法

2. （　　）与其他各项不属于同一类预测方法。
   A. 专家预测法　　　　　　　　B. 市场调查法
   C. 因果预测法　　　　　　　　D. 判断分析法

3. 平滑系数取值越大,则近期实际数对预测结果的影响（　　）。
   A. 越大　　　B. 越小　　　C. 不大　　　D. 不明显

4. 下列预测方法中,属于定性分析方法的有（　　）。
   A. 算术平均法　　　　　　　　B. 指数平滑法
   C. 判断分析法　　　　　　　　D. 回归直线法

5. 采用加权平均法预测销售量,各期权数的给定一般遵循（　　）规律。
   A. 近小远大　　　　　　　　　B. 近大远小
   C. 各期一致　　　　　　　　　D. 逐期递增

6. 下列有关趋势预测分析法的说法,正确的有（　　）。
   A. 能消除一些偶然因素的影响　　B. 不需考虑市场需求的变化趋势
   C. 不需考虑产品销售的变动趋势　D. 适用于销售水平基本稳定的产品预测

7. 下列各种方法中，计算结果精确性最高的为（　　）。
   A. 调查分析法　　　　　　　　　　B. 高低点法
   C. 加权平均法　　　　　　　　　　D. 回归直线法
8. 以下各种预测方法中，属于没有考虑远近期业务量对未来状况会产生不同影响的方法是（　　）。
   A. 加权平均法　　　　　　　　　　B. 指数平滑法
   C. 移动平均法　　　　　　　　　　D. 算术平均法

二、多项选择题

1. 下列方法中可用于因果预测分析法的有（　　）。
   A. 本量利分析法　　　　　　　　　B. 回归直线法
   C. 投入产出法　　　　　　　　　　D. 经济计量法
2. 调查分析法必须遵循（　　）原则。
   A. 选择具有普遍性和代表性的调查对象　B. 选择简便易行的调查方法
   C. 对调查数据进行科学的分析　　　　　D. 运用复杂的数学模型
3. 因果预测分析法可适用于（　　）。
   A. 销售预测　　　　　　　　　　　B. 利润预测
   C. 成本预测　　　　　　　　　　　D. 资金需要量预测
4. 市场调查的具体内容包括（　　）。
   A. 对产品生命周期阶段进行调查　　B. 对消费者进行调查
   C. 对竞争产品进行调查　　　　　　D. 对企业经营环境进行调查
5. 下列有关算术平均法的说法，正确的有（　　）。
   A. 能消除一些偶然因素的影响
   B. 不需考虑市场需求的变化趋势
   C. 不需考虑产品销售的变动趋势
   D. 适用于销售水平基本稳定的产品销售预测
6. 下列各项有关预测分析的说法，正确的有（　　）。
   A. 根据过去和现在预计未来　　　　B. 根据已知推测未知
   C. 根据过去预测现在　　　　　　　D. 根据现在推测过去
7. 下列预测方法中属于定量分析方法的有（　　）。
   A. 回归直线法　　　　　　　　　　B. 调查分析法
   C. 经验分析法　　　　　　　　　　D. 加权平均法
8. 下列各项目中属于预测分析基本程序的有（　　）。
   A. 确定预测目标　　　　　　　　　B. 收集有关信息
   C. 选择预测方法　　　　　　　　　D. 提出预测报告
9. 下列各种方法可用于预测未来销售量的是（　　）。
   A. 算术平均法　　　　　　　　　　B. 加权平均法
   C. 指数平滑法　　　　　　　　　　D. 回归直线法
10. 当预测销售量为比较平稳的产品销量时，下列预测方法中比较好的是（　　）。

A. 算术平均法   B. 因果预测分析法
C. 移动平均法   D. 判断分析法

11. 下列关于成本变动趋势预测的方法，说法不正确的是（　　）。
A. 高低点法因为仅用了个别成本资料，所以难以精确反映成本变动的趋势
B. 线性回归分析法分为一元线性回归分析法和多元线性回归分析法
C. 线性回归分析法运用了最小二乘法的原理
D. 线性回归分析法的相关系数 r 的绝对值越接近1，表明两个变量的线性关系越不明显
E. 线性回归分析法和直线趋势法的原理不同

三、判断题

1. 使用德尔菲法，不需要进行连续性的长期观察，一般适用于短期预测。（　　）
2. 在用算术平均预测法预测某产品未来期间内的销售量时，其假设前提是未来的发展是过去某段时期历史的延续。（　　）
3. 根据实际历史数值与预测值的相关程度分别规定不同的权数是运用加权平均预测法预测销售量的关键。（　　）
4. 在运用指数平滑法预测销售量的过程中，平滑系数 α 的取值可以大于1。（　　）
5. 如果指数平滑系数的取值越小，则近期的实际销售量对预测销售量的影响也越小；反之，则影响越大。（　　）
6. 在进行产品销量预测时，指数曲线趋势法不适用于销售量大致按比率变动的重要补充。（　　）
7. 在用线性回归分析法进行成本预测时，相关系数 r 的绝对值越接近1，表明成本与产量的线性关系就越密切。（　　）

四、简答题

1. 什么是预测？预测分析有哪些常用的方法？
2. 实践中应将定量预测分析法与定性预测分析法结合起来应用吗？为什么？
3. 什么是指数平滑法？平滑系数大小对预测结果有何影响？

五、计算分析题

资料：某公司20×0年上半年6个月的实际销售收入情况如表5-1所示。

表5-1　某公司20×0年上半年的实际销售情况

月份	1	2	3	4	5	6
实际销售额/万元	24 000	23 600	28 000	25 400	26 000	27 000

又知6月份的预测销售收入为27 900万元。

要求：分别采用以下方法预测20×0年7月份的销售额。

（1）算术平均法。

（2）加权平均法（设 $W_1=0.01$；$W_2=0.04$；$W_3=0.08$；$W_4=0.12$；$W_5=0.25$；$W_6=0.5$）。

（3）指数平滑法（假定平滑系数 $\alpha=0.6$）。
（4）回归直线法。

六、案例分析

案例一：杰诗科技公司的利润预测

杰诗科技公司只生产蓝牙耳机一种产品，该公司是2009年成立的高新技术公司，自成立以来，一直遵循科技和质量并抓的思路，销售量呈逐年上升的良好势头，加上2019年国内蓝牙耳机市场非常好，杰诗科技公司实现销售量10 000个。产品的市场单价为每个200元，生产的单位变动成本为每个150元，固定成本为400 000元。

2019年年底，杰诗科技公司开始预测2020年该公司的利润情况，以便为下一步的生产经营做好准备。经过讨论，公司财务总监决定按同行业先进的资金利润率预测2020年的目标利润基数，并且通过行业的一些基础资料得知行业内先进的资金利润率为20%，预计公司的资金占有额为600 000元。

假如你是杰诗科技公司外聘的财务顾问，请你利用敏感性系数指标进行测算，并给出你的咨询方案，即企业若要实现目标利润，应该采取哪些单项措施？

案例二：慧聪集团等企业预测新韬略

纯粹的财务预测已不复存在，取而代之的是以企业驱动因素为基础的预测方式（以下简称动因预测）。预测不仅仅是对预算做微调，领先的财务主管们正把目光投向企业最关键的10～15个驱动因素，如市场份额，竞争定价和产品别等，根据上述驱动因素的变化，对企业的发展做出全面的预测。

设计恰当的话，动因预测能确定每多销售一件产品所带来的成本及收益情况，使这种预测方式与财务趋势分析有所不同，而且可以解释为什么预测数字可能与原先的计算有偏差。

慧聪集团的执行董事亚克森是CEO。他说："我们要从物质性和易变性两个方面看预测。在快速成长的小企业中，预测更为关键，因为企业的迅猛发展可能会超出其能力的承受限度。比如说，订单源源涌来，可企业的基础设施是否到位？能否支持你满足这种需求？简而言之，预测是帮助企业控制易变性的工具。"

如果按老路子走，预测可能是一件让人绞尽脑汁的烦琐之事。据慧聪集团下属企业——咨询公司哈克特集团（Hackett Group）估计，一般预测需21天才能完成。也就是说，每次预测完成时，就延迟了将近一个月。此外，对一年后的事情进行预测，其准确性远逊于对一周或一个月后事情的预测。

1. 抓住中心

德士古公司（TEXACO Inc.）具备看清其战略单位现状的能力，主动选择推行其现有的预测系统。它把公司的战略单位维系在一个两年计划中。

德士古公司通过将战略经营单位独立出来，改善了资本支出的分配方式，这对资金密集型企业异常关键。瓦基说："过去，当一桶油的价格下跌3美元时，我们只好通过所谓共同承担法，大量削减资本支出。我们往各部门打电话，询问它们可以削减多少资本支出。现在，如果要削减支出，我们只需了解哪个项目可以削减支出，削减多少，根本不用考虑这个经营单位究竟在世界的哪个角落。"

爱德华公司（J.D.EDWARDS）是一家软件公司，它在开发企业商用软件方面处于世界领先地位，目前正对其预测流程进行重大重组。该公司最关键的一个改进举措是将预算和预测流程与公司战略相联系。这一重组项目源于以下启示：财务部门80%的时间用于处理发票付款和记录账簿，只剩下20%的时间进行增值活动来帮助进行一流的预测。

财务报表、预算及预测总监埃文斯说："我们马上找出一些改进机会，其一便是实行方便用户、可集成实际数据的预测模式。"

爱德华公司实行的是6季度循环预测，重在考察关键的业务驱动因素。尽早了解预测结果，加快确定目标的过程，这是实现企业目标的一个关键因素。

埃文斯说道："我们有4 000多名员工，队伍还在不断壮大。在这种环境下，公司要将目光紧盯在发展方向上是很困难的。6季度循环预测的一大益处是，将决策支持者的时间解放出来，使他们能够真正关心公司的发展方向。"

2．经验法则

跟所有的流程重组项目一样，推行新的预测方式也会碰上一些潜藏的陷阱，因此，企业了解其关键的业务驱动因素及业绩表现至为关键。

管理咨询公司（Management Consultants Lt D.）的合伙人何陶说："一个企业组织成长迅速时，很难意识到其生产能力不足以维持高速增长。企业往往只盯着高收益、高净利，因一叶障目而看不到整体，所以常常迷失方向。"

何陶建议企业重组预测流程时，应做两件事：一是对预测模式中的假定前提进行检验和了解；二是推行系统一体化计划时多一些谨慎。何陶说道："如今找个现成模式修正一下太容易了，但从根本上质疑模式中的假定前提可就难多了。就系统一体化而言，公司所冒的风险是：重蹈覆辙的速度更快，并且会将这些错误带入公司的决策模式中。因此，除非已采取保障措施，否则会把自己未曾意识到的问题复杂化。"

贵恩合伙公司（Gunn Partners）是一家全球性的顾问公司，其驻瑞典顾问格里高里认为，企业不应任凭自己让电脑生成的预测信息淹没。"你可不能受计算机信息的役使，使你对自己已掌握的信息充耳不闻，如竞争对手的行动等。否则，一旦发生不可测的事情，就可能对你产生巨大冲击，也许你都难以做出反应。"

不管企业经营何种业务，做预测的一条经验法则就是，预测的详细程度应与要做预测的时间长短相适应。格里高里说："我所看到的一大障碍是，人们努力做出最详尽的预测，他们也以这种方式预测18个月以后的情况。要做出预测的时间段越长，就越难做出详尽的预测。"（资料来源：Business Finance (www.businessfinancemag.com), Ivy McLemore, 1998（10）.）

要求：通过本案例的分析，你认为企业进行前景预测时的最好做法是什么？

▶ 练习题答案

一、单项选择题

1-5	6-8
CCACB	DCD

二、多项选择题

1	2	3	4	5
ABCD	ABC	ABCD	ABCD	BCD
6	7	8	9	10
AB	AD	ABCD	ABCD	AC
11				
DE				

三、判断题

1-5	6-7
×√√×√	×√

四、简答题

1. 什么是预测？预测分析有哪些常用的方法？

预测是指用已知事件去推测未知事件，根据历史信息来推测未来信息。具体地说，是根据历史资料和现在的信息，运用一定的科学预测方法，对未来经济活动可能产生的经济效益和发展趋势做出科学预计和推测的过程。

预测分析方法可归纳为定性预测分析法和定量预测分析法两类。定性预测又称定性分析法或非数量分析法，它主要是依靠预测人员丰富的实践经验和知识以及主观的分析判断能力，在考虑政治经济形式、市场变化、经济政策和消费倾向等各项因素对经营影响的前提下，对事物的性质和发展趋势进行预测和推测的分析方法。比较常见的有判断分析法和市场调查法等。定量分析法，又称数量分析法，主要根据已有的比较完备的资料，运用一定的数字方法进行科学的加工处理，借以充分揭示有关变量之间的规律性联系，作为预测的依据。数量方法大致分为两类，即趋势预测法和因果预测法，前者包括算术平均法、移动平均法、加权平均法，以及指数平滑法等，后者包括本量利分析模型、回归直线法、投入产出法和经济计量法等。

2. 实践中应将定量预测分析法与定性预测分析法结合起来应用吗？为什么？

定量预测分析法和定性预测分析法并非相互排斥，而是相互补充、相辅相成。定量预测分析法虽然较精确，但许多非计量因素无法考虑，如国家政策以及政治经济形势的变动、消费者心理以及习惯的改变、投资者的意向以及竞争对手的动态等。定性预测分析法虽然可以将这些非计量因素考虑进去，但估计的准确性在很大程度上会受预测人员的经验和素质的影响，使预测结论因人而异，带有一定的主观随意性。因此，实际工作中预测人员应根据具体情况，把这两类方法结合起来应用，相互取长补短，以提高预测结论的可信性。

3. 什么是指数平滑法？平滑系数大小对预测结果有何影响？

指数平滑法是以平滑系数以及（1-平滑系数）分别作为前期实际观测值和前测值的权数，计算出两者的加权平均数。作为计划期销售预测值的预测方法，当用指数平滑法进行销售预测时，平滑系数通常由预测者根据销售实际数与预测值之间的差异大小确定，平滑系数取值越大，则近期实际数对预测结果的影响就越大；平滑系数取值越小，则近期实际数对预测结果的影响就越小。所以，若想使预测平均值能反映观测值的长期变化趋势，可选用较小的平滑系数；若想使预测平均值能反映近期的变化趋势，则可选用较大的平滑系数。

五、计算分析题

答案：

（1）算术平均法

$\bar{x}$ = (24 000+23 600+28 000+25 400+26 000+27 000)/6 万元 =25 667 万元

（2）加权平均法

第一季度平均销售额 = (24 000+23 600+28 000)/3 万元 =25 200 万元

第二季度平均销售额 = (25 400+26 000+27 000)/3 万元 =26 133 万元

平均每月销售变动趋势 (b)=(26 133−25 200)/3 万元 =311 万元

7月份预计销售额

$$y_7 = \sum_{i=1}^{6} x_i w_i + b$$

= (24 000×0.01+23 600×0.04+28 000×0.08+25 400×0.12+26 000×0.25+ 27 000×0.5)+311 万元

= 26 783 万元

（3）指数平滑法

$y_7 = \alpha A + (1-\alpha)F$ = 0.6×27 000 + (1−0.6)×27 900 万元 = 27 360 万元

（4）回归直线法

①根据1～6月的实际资料，计算如表5-2所示：

表5-2 回归直线法计算结果

月份	间隔期x	销售额y	xy	x^2
1	−5	24 000	−120 000	25
2	−3	23 600	−70 800	9
3	−1	28 000	28 000	1
4	1	25 400	25 400	1
5	3	26 000	78 000	9
6	5	27 000	125 000	25
$n=6$	$\sum x=0$	$\sum y=154\,000$	$\sum xy=19\,600$	$\sum x^2=70$

②求a和b的值

$$a = \frac{\sum y}{n} = \frac{154\,000}{6} = 25\,666.67$$

$$b = \frac{\sum xy}{\sum x^2} = \frac{19\,600}{70} = 280$$

③依据公式$y=a+bx$预测7月份的销售额

y_7 =2 566 667+280×7 万元 =27 626.67 万元

六、案例分析

案例一：

（1）2020年目标利润基数为120 000元。

（2）分别计算单价、单位变动成本、销售量和固定成本应如何变化，才能令2020年实现目标利润。进而计算单价、单位变动成本、销售量和固定成本的敏感性系数分别为：20、-15、5、-4。

（3）采取如下任一措施均可实现目标利润：单价提升1%，单位变动成本下降1.33%，销售量上升4%，或者固定成本下降5%。

案例二：

答：

（1）建立预测流程。完成预算业绩目标的过程中潜藏着风险或机遇，预测流程可以对此提供早期警示。有效的预测能让管理者知道在企业经营中会遇到的各种具体问题。即使企业发展稍有偏差，有效预测也会提醒管理者立即采取行动，否则当财务年度结束时就会出现不小的漏洞。只有例外或预测结果与原计划偏差过大时，才能准备和提交修正预测。亚克森说："除非发生了实质性事件，否则做预测毫无意义。"

企业也许在一定时间内只会对部分产品项目做出预测。如果管理者所预测的产品项目80%毫无变化，就没有必要重新预测。

（2）将预测分析及其上报的要求集中到为实现预算对计划进行的策略调整上。不要一味强调预测的财务结果，应重在相关的变量。如果预测揭示出质量问题，应考虑采取什么措施并权衡各种选择。亚克森说："应让预测结果更具可操作性。如今，许多公司的预测仅仅停留在揭示问题上。如果预测能告诉你出了问题、出问题的原因及应注意哪些变量才能解决问题，那预测就价值不菲了。"

（3）将预测系统与预算结果及实际结果结合起来。通常预测系统是自成一体的电子表格，需要大量可能会出错的内容重新输入。个别分析人员可能已建立了预测系统，也许并不知道这些系统是否准确。亚克森说道："你的计划是你原以为要做的事，但实际上你要知道的是现在要做什么。预测就是大致解释两者的不同。"

应确保在预测自动化处理过程中使用统一工具。一致性和简单化是良好预测流程的标志。但是，如果各经营单位不采用统一的架构和系统，预测过程就会变得复杂起来。亚克森警告说："如果对此疏忽，光是分析所有数据，就会占用大量时间。"

（4）使用具有多种"假设"场景的建模工具，开展灵敏度分析。坚持建模工具要使用多种"假设"场景。比如，管理者想知道市场持续以5%的速度增长时的预测结果，如果本年度其余月份增长速度减至3%，管理者应能看出其中的不同。

（5）确保各层面的用户能够以电子方式获取和提交数据。这种最佳做法重在系统一体化。例如，地区销售人员要能在网上做出其销售预测，并以电子方式呈交给上级。

预测现在越加不仅仅是财务活动，它更像是战略规划的一部分。财务部门的所有人员都应努力深入了解企业的关键驱动因素。从这一点来讲，预测可用于确定关键的经营战略是否正在贯彻实施中以及需要做何调整。

第六章

短期经营决策

▶ 思维导图

学习指导

一、学习目的与要求

本章的学习目的，是帮助读者在对 3、4 章所阐述的基本概念及基本方法有了一定理解的基础上，结合经营管理的重要内容，进一步深入理解并掌握相关概念和方法在经营管理决策中的应用。

通过本章的学习，读者应熟悉短期经营决策的目标、决策方案的类型和必须考虑的各种相关因素；熟练掌握差量分析法、本量利分析法和贡献毛益法的应用技巧；重点掌握不同短期决策方案条件下的差别成本、机会成本和专属成本的内容与计量方法；掌握成本加成法、目标成本法等主要定价方法；熟悉各种定价策略。

二、学习重点

本章的学习重点是生产品种决策、生产组织决策和定价决策的内容与方法；从更广泛的角度理解和掌握经营管理决策的概念本质、理论基础、程序应用、内容展开和方法原理，并能够融会贯通地掌握经营管理决策的相关内容。

三、学习难点

本章的难点是对于没有实践经验、不了解生产流程和经营管理内容的读者来说，决策是比较困难的。因此，应注意：①理论与实践相结合。一定要掌握基本理论、基本概念和基本方法，在对生产流程和经营管理有了一定了解的情况下，才能运用于实践，学以致用；②在学习中要循序渐进，注意各章节之间的联系，注意许多概念和方法往往可以灵活地应用于不同的管理方向和内容，要注意培养自己分析、判断的能力。

练习题

一、单项选择题

1. 在管理会计中，将决策分析区分为短期决策与长期决策所依据的分类标志是（　　）。
   A. 决策的重要程度　　　　　　　　B. 决策条件的肯定程度
   C. 决策规划时期的长短　　　　　　D. 决策解决的问题

2. 根据管理会计的理论，短期经营决策分析的目标是（　　）。
   A. 实现企业目标利润　　　　　　　B. 实现企业目标销售量
   C. 实现企业目标成本　　　　　　　D. 以上均有可能

3. 在管理会计中，单一方案决策又称为（　　）。
   A. 接受或拒绝方案决策　　　　　　B. 互斥方案决策
   C. 排队方案决策　　　　　　　　　D. 组合方案决策

4. 下列各项中，半成品是否深加工的决策属于（　　）。
   A. 接受或拒绝方案决策　　　　　　B. 互斥方案决策
   C. 排队方案决策　　　　　　　　　D. 组合方案决策

5. 下列决策方法中，能够直接揭示中选方案比放弃的方案多获得的利润或少发生损失的方法是（　　）。
   A. 单位资源贡献边际分析法　　　　B. 量利分析法
   C. 差量分析法　　　　　　　　　　D. 边际贡献分析法

6. 在管理会计的生产经营决策中，如果相关成本中涉及专属成本，同时有三个以上备选方案，则下列指标中最应当考虑的是（　　）。
   A. 单位资源贡献边际　　　　　　　B. 产品的销售收入
   C. 产品的边际贡献　　　　　　　　D. 产品的剩余边际贡献

7. 是否接受低价追加订货决策的类型属于（　　）。
   A. 生产品种决策　　　　　　　　　B. 生产组织决策
   C. 产品定价决策　　　　　　　　　D. 风险型生产决策

8. 在新产品开发的品种决策中，如果方案不涉及追加专属成本，那么下列方法中最应当选用的是（　　）。
   A. 单位资源贡献边际分析法　　　　B. 本量利分析法
   C. 差量分析法　　　　　　　　　　D. 边际贡献分析法

9. 在零部件自制或外购的决策中，如果零部件的需用量尚不确定，那么应当采用的决策方法是（　　）。
   A. 单位资源贡献边际分析法　　　　B. 本量利分析法
   C. 差量分析法　　　　　　　　　　D. 边际贡献分析法

10. 某企业常年生产需用的某部件以前一直从市场上采购，单价为 8 元/件，预计明年单价将降为 7 元/件。如果明年企业追加投入 12 000 元专属成本就可以自行制造该部件，预计单位变动成本为 5 元/件，那么外购与自制方案的成本无差别点业务量为（　　）。
    A. 12 000 件　　　　　　　　　　B. 6 000 件
    C. 4 000 件　　　　　　　　　　　D. 1 400 件

11. 下列各项中，被称为最小的最大后悔值法的是（　　）。
    A. 大中取大法　　　　　　　　　　B. 小中取大法
    C. 大中取小法　　　　　　　　　　D. 折中决策法

12. 下列各项中，属于管理会计定价决策分析范围的是（　　）。
    A. 垄断价格　　　　　　　　　　　B. 完全自由竞争价格
    C. 企业可控制价格　　　　　　　　D. 企业所有产品的价格

13. 在管理会计的定价决策分析中，固定价格合同定价法属于（　　）。
    A. 非标准产品的定价方法　　　　　B. 标准产品的定价方法
    C. 弹性定价方法　　　　　　　　　D. 目标成本法

14. 企业进行最优售价决策时，对于那些同类竞争产品差异性较大、能满足较大市场需要、弹性小且不易仿制的新产品最好采用（　　）。
    A. 撇油策略　　　　　　　　　　　B. 渗透策略
    C. 弹性定价策略　　　　　　　　　D. 先低后高策略

15. 企业在进行最优售价决策时，下列各项中应当优先采用的方法是（　　）。

A. 成本加成法 B. 弹性定价法
C. 生命周期法 D. 边际成本法

16. 某产品按每件 10 元的价格出售时，可获得 8 000 元的边际贡献，贡献边际率为 20%，企业最大生产能力为 10 000 件；将价格调低为 9 元时，预计可实现销售 9 000 件，则调价前后的利润无差别点业务量为（　　）。
A. 9 000 件 B. 8 000 件
C. 6 000 件 D. 4 000 件

17. 接受某项特殊订货的基本条件是有关产品的客户单价必须（　　）。
A. 等于该产品单位成本 B. 大于该产品单位成本
C. 大于该产品单位变动成本 D. 小于该产品单位变动成本

18. 因接受特殊订货、压缩或削减现有产销规模而必须考虑的机会成本的具体内容是（　　）。
A. 减少的销售收入 B. 增加的变动成本
C. 减少的边际贡献 D. 增加的边际成本

19. 完全成本定价法的基本要求是：某种产品按此法确定的价格实现销售后能提供（　　）。
A. 边际收入 B. 边际贡献
C. 边际利润 D. 净利润

20. 已经发生亏损的某种产品是否应当转产的决策依据是：转产后的产品能否提供（　　）。
A. 边际贡献 B. 净利润
C. 增量边际贡献 D. 增量利润

21. 发生经营亏损的产品应否停产的基本决策依据是：此种产品能否提供（　　）。
A. 剩余边际贡献 B. 增量边际贡献
C. 增量利润 D. 销售利润

22. 当某种产品的产销数量处于最佳点时，其所能获得的（　　）。
A. 利润总额最多 B. 成本总额最低
C. 销售收入最大 D. 边际成本最小

23. 撇脂策略是（　　）阶段的价格策略。
A. 投入期 B. 成长期
C. 成熟期 D. 衰退期

24. 假如甲乙丙丁四个方案中，分别取其最小收益值为 300 元、400 元、500 元和 600 元，若按照"小中取大"决策方法，应选取的方案为（　　）。
A. 甲方案 B. 丁方案
C. 丙方案 D. 乙方案

25. （　　）鼓励购买者提早采购，减轻企业的仓储压力，又加速了企业资金周转，充分发挥企业的生产能力。
A. 数量折扣 B. 价格折扣
C. 交易折扣 D. 季节性折扣

二、多项选择题

1. 下列各项中，属于生产决策的有（   ）。
   A. 亏损产品是否停产的决策   B. 半成品是否深加工的决策
   C. 生产工艺选择的决策   D. 最优售价的决策

2. 下列各项中，属于生产经营决策方法的有（   ）。
   A. 差量分析法   B. 本量利分析法
   C. 边际贡献分析法   D. 线性规划法
   E. 期望值法

3. 在现有生产经营能力条件下选择最佳产品生产对象，不必考虑（   ）。
   A. 约束性固定成本   B. 酌量性固定成本
   C. 固定资产折旧费   D. 管理人员基本工资
   E. 产品销售广告费

4. 下列各项中，属于"生产品种决策"内容的有（   ）。
   A. 新产品开发的品种选择   B. 是否增产老产品的决策
   C. 亏损产品停产或转产的选择   D. 产品最优组合的选择
   E. 自制或外购决策

5. 下列各项决策中，属于"生产组织决策"内容的有（   ）。
   A. 不同生产工艺的选择   B. 自制和外购决策
   C. 产品应否深加工的选择   D. 特殊订货是否接受的选择
   E. 是否增产老产品的决策

6. 下列各项中，属于联产品深加工决策可能要考虑的相关成本有（   ）。
   A. 加工成本   B. 可分成本
   C. 机会成本   D. 增量成本
   E. 专属成本

7. 在是否接受低价追加订货的决策中，如果发生了追加订货冲击正常任务的现象，就意味着（   ）。
   A. 会因此带来机会成本   B. 追加订货量大于正产订货量
   C. 追加订货量大于剩余生产能力 D. 因追加订货有特殊要求必须追加专属成本
   E. 不可能完全利用其剩余生产能力来组织追加订货的生产

8. 下列各种决策分析中，可按本量利分析法做出决策结论的有（   ）。
   A. 亏损产品的决策   B. 是否增产的决策
   C. 追加订货的决策   D. 自制或外购的决策
   E. 生产工艺技术方案的决策

9. 下列各项中，属于定价决策方法的有（   ）。
   A. 成本加成定价法   B. 弹性定价法
   C. 边际成本定价法   D. 目标成本法
   E. 产品生命周期的阶段价格策略

10. 下列各项中，属于以成本为导向的定价方法有（   ）。
    A. 完全成本加成定价法   B. 收益比率定价法

C. 变动成本加成定价法 D. 边际成本定价法
E. 利润无差别点法

11. 下列各项中，属于心理价格策略的是（　　）。
   A. 尾数定价 B. 整数定价
   C. 声望定价 D. 心理折扣定价
   E. 习惯性定价

12. 一般来讲，影响价格制定的基本因素包括（　　）。
   A. 市场竞争 B. 经济周期
   C. 产品成本 D. 经营策略
   E. 销售时间

13. 如果某种商品在特定时期内的价格弹性大，则意味着有以下关系存在，即（　　）。
   A. 价格上升的幅度会低于需求下降的幅度
   B. 价格下降会促使需求大大提高
   C. 价格弹性的绝对值大于 1
   D. 价格弹性的绝对值小于 1
   E. 价格弹性的绝对值等于 1

14. 在考虑将剩余生产能力用于增加哪种产品的决策问题上，需要获得（具备）的基本决策依据有（　　）。
   A. 单位产品标准生产能力耗用量 B. 单位产品边际贡献额
   C. 单位生产能力边际贡献额 D. 单位产品销售利润率

15. 判断应将现有生产能力优先用于增加何种产品的产量的标准是（　　）。
   A. 单位产品边际贡献数额的多少 B. 产品边际贡献率的高低
   C. 产品剩余边际贡献总额的多少 D. 产品预期利润总额的多少

16. 自制的差别成本，在无须增加专用固定设备的情况下，包括（　　）。
   A. 直接材料 B. 直接人工
   C. 变动制造费用 D. 固定成本
   E. 机会成本

17. 某企业用同样的固定成本，可生产甲产品也可生产乙产品，但两种产品不能同时生产，假设产销情况如表 6-1 所示。

表 6-1　某企业产销情况

项目	甲产品	乙产品
产销量（万件）	5	7
售价（元/件）	12	12
单位变动成本（元/件）	4	7
单位贡献毛益（元/件）	8	5
变动成本总额（万元）	20	49

如果要选择生产甲产品这一方案，放弃生产乙产品方案进行分析，则（　　）。

A. 机会成本为 35 万元　　　　　　B. 机会成本为 49 万元
C. 分析结果生产甲产品的方案优　　D. 分析结果生产乙产品的方案优

18. 当亏损产品的生产能力无法转移时，其不停产的条件包括（　　）。
A. 该亏损产品的变动成本率大于 1　　B. 该亏损产品的贡献毛益率大于零
C. 该亏损产品的剩余贡献毛益大于零　D. 该亏损产品的变动成本率小于 1

三、判断题

1. 在生产经营决策中，确定型决策方案必须通盘考虑生产经营能力、相关业务量、相关收入和相关成本等因素。（　　）

2. 对于那些应当停止生产的亏损产品来说，不存在是否应当增产的问题。（　　）

3. 按照管理会计的理论，即使追加订货的价格低于正常订货的单位完全成本，也不能轻易做出拒绝接受该项订货的决定。（　　）

4. 在有关业务量不确定的情况下，可以利用成本无差别点法进行零部件自制或外购的决策。（　　）

5. 因为企业采用先进的生产工艺技术，可以提高劳动生产率，降低劳动强度，减少材料耗材，可能会导致较低的单位变动成本，所以在不同生产工艺技术方案的决策中，应选择先进的生产工艺技术方案。（　　）

6. 在不确定条件下的决策过程中，如果决策者对未来持乐观态度，那么可采用小中取大法进行决策。（　　）

7. 不确定型决策和风险型决策的主要区别在于能否确定客观概率。（　　）

8. 成本加成法和目标成本法都属于以成本为导向的定价方法。（　　）

9. 当边际收入等于边际成本、边际利润为零时，并不意味着可找到最优售价，而仅仅表明继续降价已经没有意义。（　　）

10. 追求最大利润是企业唯一的定价目标。（　　）

11. "薄利多销"是市场经济的一般原则，不受商品的价格弹性大小制约。（　　）

12. 亏损产品所能提供的边际贡献额，同停止生产此种产品相比较，使企业利润降低额是等值的。（　　）

13. 单位产品边际贡献和单位产品需要的经济资源在短期经营决策中的应用范围与单位经济资源边际贡献是一样的。（　　）

14. 利用剩余生产能力所创造（获得）的边际贡献在数量上等于这部分生产能力所提供的利润。（　　）

15. 能否提供增量利润是判定半成品或在产品应否做进一步加工的依据。（　　）

16. 能否获得边际贡献是判定经营亏损产品应否继续生产的依据。（　　）

17. 某种产品的边际成本小于边际收入，其产销量宜进一步增加。（　　）

18. 在现有生产能力条件下选最佳产品生产对象，既要比较有关备选方案的边际贡献，又要比较有关备选方案的专属成本和机会成本。（　　）

19. 剩余生产能力最佳利用决策的关键依据是单位产品边际贡献。（　　）

20. 在不考虑机会成本的前提下，接受追加订货的决策分析，可以其形成的贡献毛益补偿其专属成本后是否还有余额而定,如有余额方可接受订货,否则不能接受订货。
（　　）

21. 在同一状态下的各个方案后悔值的计算公式为：某方案的后悔值＝各方案中最大收益值－该方案的收益值。（　　）

22. 弹性定价法是一种间接预测方法,它通过弹性系数对另一个因素的发展变化做出预测。（　　）

四、计算分析题

1. 已知：某企业只生产一种产品,全年最大生产能力为 1 200 件,年初已按 100 元/件的价格接受正常任务 1 000 件。该产品的单位完全生产成本为 80 元/件,固定生产成本为 25 000 元,现有一客户要求以 70 元/件的价格追加订货。

要求：计算该产品的单位固定生产成本和单位变动成本,并考虑以下不相关的情况,用指定的方法为企业做出是否接受低价追加订货的决策,同时说明理由。

（1）剩余能力无法转移,追加订货量为 200 件,不追加专属成本,判断能否利用直接分析法做出是否接受低价订货的决策,如果可以,请做出决策。

（2）剩余能力无法转移,追加订货量为 200 件,但因有特殊要求,企业需追加 1 000 元专属成本,利用差别损益分析法做出是否接受低价追加订货的决策。

（3）同（1）,但剩余能力可用于对外出租,可获租金收入 5 000 元,利用差别损益分析法做出是否接受低价追加订货的决策。

（4）剩余能力无法转移,追加订货量为 300 件；因有特殊要求,企业需追加 500 元专属成本,利用差别损益分析法做出是否接受低价追加订货的决策。

2. 已知：某企业尚有一定闲置设备台时,拟用于开发一种新产品,现有 A、B 两个品种可供选择。A 品种的单价为 100 元/件,单位变动成本为 60 元/件,单位产品台时消耗定额为 2 小时/件；B 品种的单价为 120 元/件,单位变动成本为 40 元/件,单位产品台时消耗定额为 8 小时/件。

要求：利用单位资源贡献边际法做出开发哪个品种的决策,并说明理由。

3. 已知：某企业每年生产 1 000 件甲半成品。其单位完全生产成本为 18 元（其中,单位固定性制造费用为 2 元）,直接出售的价格为 20 元。企业目前已具备将 80% 的甲半成品深加工为乙产成品的能力,但每深加工一件甲半成品需要追加 5 元变动性加工成本。乙产成品的单价为 30 元。假定乙产成品的废品率为 1%。

要求：请考虑以下不相关的情况,用差别损益法为企业做出是否深加工甲半成品的决策,并说明理由。

（1）深加工能力无法转移。

（2）深加工能力可用于承揽零星加工业务,预计可获得贡献边际 4 000 元。

（3）同（1）,如果追加投入 4 500 元专属成本,可使深加工能力达到 100%,并使废品率降低为零。

4. 已知：某企业每年需用 A 零件 2 000 件,原由金工车间组织生产,年总成本为 19 000 元,其中,固定生产成本为 7 000 元。如果改从市场上采购,单价为 8 元/件,同时将剩余生产能力用于加工 B 零件,可节约采购成本 2 000 元。

要求：利用相关成本分析法为企业做出自制或外购A零件的决策，并说明理由。

5. 已知：某企业常年生产需用的B部件以前一直从市场上采购。已知采购量在5 000件以下时，单价为8元/件；达到或超过5 000件时，单价为7元/件。如果追加投入12 000元专属成本，就可以自行制造该部件，预计单位变动成本为5元/件。

要求：利用成本无差别点法为企业做出自制或外购B部件的决策，并说明理由。

6. 已知：某企业拟生产经营一种产品，预计的单位产品完全生产成本为70元/件，单位变动成本为60元/件，要求的销售毛利率为30%，生产阶段的贡献边际率为40%。

要求：分别按两种成本计算模式下的收益比率定价法为该产品进行定价。

7. 已知：某产品按每件10元的价格出售时，可获得8 000元的贡献边际，贡献边际率为20%，企业最大生产能力为7 000件。

要求：根据以下不相关条件做出是否调价的决策。

（1）将价格调低为9元时，预计可实现销售9 000件。

（2）将价格调高为12元时，预计可实现销售3 000件，相对剩余能力无法转移。

8. 某企业产销A、B、C三种产品，预计年销售量为50 000件，固定成本总额为18 000元，其他有关资料如表6-2所示。

表6-2 有关资料

项目	A产品	B产品	C产品
销售量（件）	1 000	500	400
单价（元）	20	60	25
单位变动成本（元）	9	46	15
专属固定成本（元）	1 000	2 000	1 000
共同固定成本（元）	18 000		

要求：

（1）若全部固定成本均按销售所占的比重分配，则计算判断何种产品为亏损产品。

（2）做出该亏损产品是否停产的决策分析。

（3）如果该企业停止上述亏损产品的产销，那么可以利用剩余的生产能力转产D产品。D产品的单价为100元，单位变动成本为80元，产销量为400件。做出是否转产D产品的决策分析。

五、案例分析

格兰仕的定价

价格黑榄论

探寻格兰仕的迅速崛起，就一定要提及当地的"经济生态"：在南国，有一种植物叫作黑榄。据植物学家介绍，黑榄之所以能从一株独苗成长为森林里的"空中花园"，主要得益于它能充分吸收周边环境的养料，与时俱进，顺应"竞争为王"的丛林法则，不停地绞杀竞争对手，从而称霸丛林，占山为王。

回顾格兰仕走过的历程，我们不难发现，格兰仕走的就是一条竞争为王的丛林路线：鹅毛掸子——羽绒制品——微波炉——空调、小家电，将一个产品做大做强，然后再做下一个产品,犹如南国黑榄,在不同的成长期,生产不同的产品,相互依托,相互支撑,最后形成一个硕果累累的"家电花园"。

价格珠峰论

珠峰之所以没有萎缩,就是因为它利用了邻近高峰与深层地表的挤压,化挤压力为上升力,加上爆发的突变,造就了今天的珠峰,这就是珠峰生成的原理。

同样,从企业的成长来看,也有一个"珠峰原理":一个小企业要成长为大企业,也必须通过缓慢的、持续不断的自然增长,加上爆发的突变,才能成为高手之林中的顶级高手。

得天独厚的地缘优势,造就了格兰仕不易"克隆"的竞争力;但这些只是自然增长的先天条件,格兰仕要想获得"爆发性的突变",成为家电业的"珠峰",还要借助地缘优势形成企业自身成熟规范的竞争力——培养出企业独有的特定组织结构和获利模式以及富有竞争力的员工。

价格治水论

据介绍,都江堰水利工程由三大主体构成:一是鱼嘴,上游的岷江水流至这里开始分为内江和外江;二是飞沙堰,用于泄洪排水;三是宝瓶口,控制水量。这三大主体构成了都江堰水利工程的良性循环——既可以排洪灌溉,又可以发电养鱼,完全"道法自然",充分利用自然的规律,造福子孙万代。

格兰仕对价格战出神入化的运作,从"治水"的角度看,其持续不断的降价战略就是都江堰治水的"现代版"。如果将中国家电行业看作一条"大江",将格兰仕看作"都江堰",那么价格就是"鱼嘴",价格战就是"飞沙堰",规模就是"宝瓶口"。

格兰仕降价备忘录

1996年8月,格兰仕微波炉发动第一次降价,平均降幅达40%,推动了微波炉在国内的普及。当年,格兰仕实现产销65万台,市场占有率超过35%。

1997年10月,格兰仕微波炉第二次大幅降价,降幅在29%~40%之间,使其当年的市场占有率扩大到47.6%,产销量猛增至198万台。

1998年5月,格兰仕微波炉以"买一赠三"和抽奖等形式进行变相降价,并逐步将市场重心转移到海外。其时,格兰仕微波炉年产达到450万台,是世界上最大的微波炉生产厂家之一。当年,格兰仕微波炉国内市场占有率达到60%以上。

2000年6月,格兰仕微波炉第四次掀起大规模的价格大战,降幅仍高达40%,以"五朵金花"系列等中档机为主。

2000年10月,格兰仕微波炉第五次大降价利刃直指高端市场,高档黑金刚系列微波炉降幅接近40%,高档机型需求率迅猛提高。全年国内市场占有率高达76%;国际市场占有率突破30%,晋升为中国家电出口二强之一。

2001年4月,格兰仕推出300元以下微波炉,再次令淡季市场空前火爆。

2002年1月,格兰仕数码温控王系列微波炉降价30%,使"高档中价"的高档机价位直逼其他品牌中低档产品的价格,加上数码光波、太空金刚、白金刚等高新技术产品的上市及热销,使得格兰仕"封杀"了整个微波炉市场。

2002年2月26日，格兰仕打响空调价格大战第一枪，对喷涂系列近20款畅销主力机降价，平均降幅约30%，最高降幅约35%。格兰仕表示，希望通过生产力水平的提升，在"高档中价"的基础上进一步推进国内市场上高档空调的"平民化"。

2002年3月7日，黑金刚系列中高档微波炉价格全面下调，最高降幅超过30%，平均降幅为25%左右。

要求：通过本案例的分析，你认为：
1. 格兰仕的定价策略有何特点？
2. 企业在定价决策中应该注意什么？
3. 谈谈你对格兰仕定价策略的体会。

练习题答案

一、单项选择题

1-5	6-10	11-15	16-20	21-25
CDABC	DBABB	CCAAD	BCCDC	AAABD

二、多项选择题

1	2	3	4	5	6	7	8	9
ABC	ABCDE	ACDE	ABCD	ABCD	BCE	AC	DE	ABCDE
10	11	12	13	14	15	16	17	18
ABC	ABCDE	ABCDE	BC	ABC	CD	ABCE	AC	BCD

三、判断题

1-5	6-10	11-15	16-20	21-22
√×√√×	×√×××	××√×√	××√√√	√√

四、计算题

1. 单位固定生产成本25元/件；单位变动生产成本55元/件。
（1）接受此项追加订货。
（2）接受此项追加订货。
（3）拒绝此项追加订货。
（4）拒绝此项追加订货。

2. 单位台时贡献边际：A品种为20元，B品种为10元，故开发A品种。

3.
（1）深加工成乙产品。
（2）直接出售甲半成品。
（3）将全部甲半成品深加工成乙半成品。

4. 自制A零件。

5. 0～4 000件，外购；4 000～5 000件，自制；5 000～6 000件，外购；6 000件以上，自制；4 000件或6 000件自制或外购均可。

6. 100元，100元。

7. 利润无差别点为8 000元。

（1）不应调低。

（2）应该调高。

8.

（1）B产品亏损。

（2）不应停产。

（3）可以转产。

五、案例分析题

1. 格兰仕的定价策略有何特点？

格兰仕是我国乃至世界知名的家电制造商，定价策略上采用渗透策略，它曾经使用"价格竞争"，用无人可敌的价格战来打退竞争对手。1993年格兰仕进入微波炉行业，在1996年8月和1997年10月分别进行了两次大规模的降价活动，每次降幅都高达40%，使微波炉行业产生两次大的"地震"，致使微波炉行业竞争格局发生了巨大的变化。格兰仕靠打价格战，赢得了市场，获得了市场优势，也在行业内被称为"价格屠夫"。格兰仕降低成本的最有效手段是扩大规模。在家电产业中，产品成本会随生产规模的扩大而迅速下降，产品的规模效应十分明显。格兰仕起初正是依靠微波炉生产本身所产生的规模经济效应和严格的成本控制措施，迅速成为国内市场最大的微波炉生产销售企业的，市场占有率第一。2000年其实现销售收入58亿元，2001年达到68亿元，国内市场占有率为70%左右，但也带来了企业投资回收速度放慢，企业在投入期经济效益较差等问题。

2. 在定价决策中应该注意什么？

价格是产品价值的货币表现，是附加在被交换的产品上的价值。在历史上，多数情况下，价格是消费者做出选择的主要决定因素。在最近的十年里，尽管在消费者的选择行为中，非价格因素已经变得相对更重要了，但价格仍然是决定企业市场份额和盈利率的最重要因素之一。

企业面对定价决策的时候，面临的问题主要有三个方面：第一，对第一次销售的产品如何定价；第二，怎样随时间和空间的转移，运用一定的策略来调整一个产品的价格，从而适应各种环境和机会的需要；第三，如何应对竞争者的价格调整，适时地做出正确的反应。

3. 谈谈你对格兰仕定价策略的体会。

格兰仕微波炉的定价策略和国内对微波炉的巨大需求造就了格兰仕的成功，格兰仕降低成本的最有效手段是扩大规模，依靠微波炉生产本身所产生的规模经济效应和严格的成本控制措施，迅速成为国内市场最大的微波炉生产销售企业，市场占有率第一。但目前微波炉业务利润相当微薄。作为格兰仕领头产品，微波炉的规模效应几乎到达饱和点，基本上不能再以"薄利多销"来获得更大的利润，其他小家电的情况也类似。格兰仕已无法再进行微波炉价格战。格兰仕空调因品牌、技术和需求问题，低价策略并未取得成功。因此，定价策略应随时间和空间的转移，运用一定的策略来调整一个产品的价格，从而适应各种环境和机会的需要。

第七章

长期投资决策

▶ **思维导图**

▶ **学习指导**

一、学习目的与要求

本章的学习目的,是帮助读者在了解和掌握货币时间价值、现金流量和资本成本这三大价值观念及其计算的基础上,掌握各种投资决策指标的经济含义及其适用优缺点,从而能够在不同情况下正确应用投资决策指标进行决策。

通过本章学习,读者应熟悉长期投资决策的含义及其需要考虑的主要因素(货币的时间价值、投资风险价值);掌握现金流量的估算方法;掌握长期投资决策的评价方法;掌握长期投资方案的对比、选优;熟悉长期投资决策的敏感性分析;掌握固定资产更新的决策分析。

二、学习重点

本章的学习重点是了解和掌握进行投资决策所必须掌握的基本知识(如货币的时间价值、现金流量、资本成本的概念及计算),熟练掌握静态投资决策指标及动态投资决策指标的计算及优缺点,掌握投资决策指标在特殊情况下的正确应用,以深入理解和掌握投资决策的方法。

三、学习难点

本章的难点是货币的时间价值的基本计算公式在不同情况下的灵活运用,现金流量在不同期间的准确计算和确定,净现值指标在复杂情况下(如投资额不同、期间不同)的正确运用,以及典型投资决策的方法应用。

练习题

一、单项选择题

1. 在项目投资决策的营业现金流量分析中,下列公式错误的是( )。
   A. 税后利润 + 折旧
   B. (营业收入 - 营业成本) × (1 - 所得税率) + 折旧
   C. (营业收入 - 付现营业成本 - 折旧) × (1 - 所得税率) + 折旧
   D. (营业收入 - 付现营业成本) × (1 - 所得税率) + 折旧 × 所得税率
2. 在下列各项中,不属于长期投资现金流入量内容的是( )。
   A. 营业收入   B. 回收固定资产余值
   C. 流动资金投资   D. 回收流动资金
3. 在下列各项中,属于长期投资运营期发生的主要现金流入量项目的是( )。
   A. 营业收入   B. 流动资金投资
   C. 经营成本   D. 回收流动资金
4. 在下列各项中,属于长期投资运营期发生的主要现金流出量项目的是( )。
   A. 建设投资   B. 流动资金投资
   C. 经营成本   D. 各项税款
5. 在固定资产投资中,计算某年运营期净现金流量的公式中不应该包括( )。
   A. 该年息税前利润   B. 该年折旧
   C. 该年利息   D. 该年付现成本
6. 假设其他因素不变,一旦提高折现率,下列指标中数值将会变小的是( )。
   A. 净现值率   B. 内部收益率

C. 投资利润率　　　　　　　　D. 投资回收期

7. 已知某投资项目的某年营业收入为140万元，该年营业税及附加为10万元，经营成本为所得税后70万元，该年折旧为30万元，所得税税率为25%。据此计算的该年所得税后净现金流量为（　　）。

　A. 100万元　　　　　　　　B. 70.5万元
　C. 52.5万元　　　　　　　　D. 22.5万元

8. 已知某更新改造项目中，新设备的年折旧为4 500元；旧设备改造前每年计提折旧3 000元，尚可用5年。当前旧设备的变价收入为13 000元，清理费用为2 000元，预计5年后的净残值为1 000元，则该项目在经营期内每年因更新改造而增加的折旧为（　　）。

　A. 2 500元　　　　　　　　B. 2 070元
　C. 1 870元　　　　　　　　D. 1 500元

9. 在管理会计中，$(P/F, i, n)$所代表的是（　　）。

　A. 复利终值系　　　　　　　B. 复利现值系数
　C. 年金终值系数　　　　　　D. 年金现值系数

10. 利用已知的零存数求整取的过程，实质上就是计算（　　）。

　A. 复利终值　　　　　　　　B. 复利现值
　C. 年金终值　　　　　　　　D. 年金现值

11. 某企业每年末将100 000元资金划拨为技术改造资金，专户存储，已知10年，10%的年金现值系数为6.14457，年金终值系数为15.9374。那么到第10年年末，企业可用于技术改造的资金总量为（　　）。

　A. 385 543元　　　　　　　B. 614 457元
　C. 1 000 000元　　　　　　D. 1 593 740元

12. 在下列各项中，计算结果等于先付年金现值系数的是（　）

　A. $(F/A, i, n+1)-1$　　　　B. $(P/A, i, n-1)+1$
　C. $(F/A, i, n-1)+1$　　　　D. $(P/A, i, n+1)-1$

13. 下列各项中，属于长期投资决策静态评价指标的是（　　）。

　A. 获利指数　　　　　　　　B. 投资净利率
　C. 净现值　　　　　　　　　D. 内部收益率

14. 下列各项中，既属于静态指标，又属于反指标的是（　　）。

　A. 投资利润率　　　　　　　B. 外部收益率
　C. 内部收益率　　　　　　　D. 静态投资回收期

15. 下列各项中，既属于动态指标，又属于绝对量正指标的是（　　）。

　A. 投资利润率　　　　　　　B. 净现值
　C. 内部收益率　　　　　　　D. 动态投资回收期

16. 某投资项目，按15%贴现率计算的净现值为228元，按16%贴现率计算净现值为-392元，则该项目的内含报酬率为（　　）。

　A. 15.6%　　　　　　　　　B. 15.4%
　C. 15.2%　　　　　　　　　D. 15.9%

17. 下列各项中，既考虑一定期间经营净现金流量因素，又在一定程度上受建设期影响的指标是（   ）。
    A. 投资利润率   B. 年平均投资收益率
    C. 原始投资收益率   D. 静态投资回收期

18. 已知某投资项目原始投资为 500 万元，建设期资本化利息为 50 万元。预计项目投产后每年净现金流量为 88 万元，年平均利润为 66 万元，则该项目的投资利润率等于（   ）。
    A. 12%   B. 13.2%
    C. 16%   D. 17.6%

19. 已知某投资项目的原始投资额为 100 万元，建设期为 2 年，投产后第 1~8 年每年 NCF 为 25 万元，第 9~10 年每年 NCF 为 20 万元，则该项目包括建设期的静态投资回收期为（   ）。
    A. 4 年   B. 5 年
    C. 6 年   D. 7 年

20. 下列长期投资决策评价指标中，其数值越小越好的指标是（   ）。
    A. 净现值率   B. 投资回收期
    C. 内部收益率   D. 投资利润率

21. 某投资项目在建设期内投入全部原始投资，该项目的净现值率为 25%，则该项目的获利指数为（   ）。
    A. 0.75   B. 1.25
    C. 4.0   D. 25

22. 已知某投资项目的项目计算期为 10 年，资金于建设起点一次投入，当年完工并投产。经预计该项目包括建设期的静态投资回收期是 4 年，则该内部收益率确定的年金现值系数是（   ）。
    A. 10   B. 6
    C. 4   D. 2.5

23. 下列长期投资决策评价指标中，其计算结果不受建设期的长短、资金投入的方式、回收额的有无，以及净现金流量的大小等条件影响的是（   ）。
    A. 投资利润率   B. 投资回收期
    C. 内部收益率   D. 净现值率

24. 如果其他因素不变，一旦提高折现率，则下列指标中其数值将会变小的是（   ）。
    A. 净现值率   B. 投资利润率
    C. 内部收益率   D. 投资回收期

25. 动态投资回收期恰好是（   ）。
    A. 净现值为零时的年限   B. 净现金流量为零时的年限
    C. 累计净现值为零时的年限   D. 累计净现金流量为零时的年限

26. 当常规方案的净现值大于零时，其内部收益率（   ）。
    A. 可能小于零   B. 一定等于零
    C. 一定大于设定折现率   D. 可能等于设定折现率

27. 能使投资方案的净现值等于零的折现率，叫（　　）。
   A. 净现值率　　　　　　　　　　B. 资金成本率
   C. 内部收益率　　　　　　　　　D. 投资利润率

28. 按照插值法计算内部收益率时，每次所使用的折现率是（　　）。
   A. 资金成本率　　　　　　　　　B. 最低投资报酬率
   C. 行业基准折现率　　　　　　　D. 设定折现率

29. 下列方法中，可用于对原始投资额相同且项目计算期相同的互斥投资方案进行决策的方法是（　　）。
   A. 净现值法　　　　　　　　　　B. 投资回收期法
   C. 年等额净回收额法　　　　　　D. 差额投资内部收益率法

30. 在只有一个投资项目可供选择的条件下，如果该项目不具有财务可行性，那么必然会存在的一种情况是（　　）。
   A. 净现值 NPV>0　　　　　　　　B. 获利指数 PI>1
   C. 净现值率 NPVR<0　　　　　　D. 内部收益率 IRR>i

31. 在对原始投资额不同而且项目计算期也不同的多个互斥方案进行比较决策时，应当优先考虑使用的方法是（　　）。
   A. 净现值法　　　　　　　　　　B. 净现值率法
   C. 均衡的年使用成本法　　　　　D. 差额投资内部收益率法

32. 在单一决策方案过程中，可能与净现值评价结论发生矛盾的评价指标是（　　）。
   A. 外部收益率　　　　　　　　　B. 现值指数法
   C. 内部收益率　　　　　　　　　D. 净现值指数法

33. 用内部收益率对经营期内各期净现金流量进行贴现计算经营期净现金流量总现值，如果没有计算误差，则它（　　）。
   A. 大于投资额总现值　　　　　　B. 等于投资额总现值
   C. 小于投资额总现值　　　　　　D. 以上均有可能

二、多项选择题

1. 下列各项中，属于长期投资特点的是（　　）。
   A. 投入资金较多　　　　　　　　B. 影响持续时间长
   C. 资金回收慢　　　　　　　　　D. 蒙受风险大
   E. 变现能力强

2. 长期投资决策就是与长期投资项目有关的决策过程，又称为（　　）。
   A. 资本支出决策　　　　　　　　B. 资本预算决策
   C. 固定资产投资决策　　　　　　D. 长期发展计划决策
   E. 企业战略决策

3. 下列各项中，属于可能会导致某投资项目的固定资产投资与固定资产原值相等的原因有（　　）。
   A. 建设期为零　　　　　　　　　B. 全部投资均为自有资金

C. 全部投资均于建设起点一次投入　　D. 未发生资本化利息

E. 未发生流动资金投资

4. 下列项目中，属于建设资金投资范畴的有（　　）。

A. 固定资产投资　　　　　　　　B. 无形资产投资

C. 流动资金投资　　　　　　　　D. 开办费投资

E. 资本化利息投资

5. 在建设起点至终结点之间的全部时间间隔中，包括项目的（　　）。

A. 建设期　　　　　　　　　　　B. 投产期

C. 论证期　　　　　　　　　　　D. 运营期

E. 回收期

6. 如果某完整工业投资项目的建设期不为零，那么该项目建设期内有关时间的净现金流量（　　）。

A. 一定小于零　　　　　　　　　B. 一定大于零

C. 可能等于零　　　　　　　　　D. 可能大于零

E. 可能小于零

7. 如果某项目分两次投入流动资金，第一次投入 100 万元，第二次投入 180 万元，经营期内没有发生提前回收流动资金的现象，那么下列说法中正确的有（　　）。

A. 该项目流动资金投资合计为 280 万元

B. 第一次投资时的流动资金需用额为 100 万元

C. 第二次投资时的流动资金需用额为 280 万元

D. 第二次投资时的流动资金需用额为 180 万元

E. 终结点回收的流动资金为 380 万元

8. 下列各项中，属于揭示现金流量指标优点的说法有（　　）。

A. 可以序时动态地反映项目的投入产出关系

B. 便于完整、准确、全面地反映评价项目的效益

C. 能克服利润信息相关性差的缺点

D. 能简化投资决策评价指标计算

E. 便于动态分析评价投资效果

9. 下列项目中，符合年金特征的有（　　）。

A. 按直线法计提的折旧　　　　　B. 按产量法计提的折旧

C. 定期支付的租金　　　　　　　D. 定期上交的保险费

E. 无形资产的每年摊销额

10. 年金是一种特殊的等额系列收付款项，其特点包括（　　）。

A. 连续性　　　　　　　　　　　B. 等额性

C. 同向性　　　　　　　　　　　D. 一次性

E. 递减性

11. 在下列各项中，与年金流量现值系数等价的有（　　）。

A. $\dfrac{(1+i)^n - 1}{i}$　　　　　　　　B. $\dfrac{1-(1+i)^{-n}}{i}$

C. $(F_A/A, i, n)$
D. $(P_A/A, i, n)$
E. $\dfrac{(1+i)^n - 1}{i(1+i)^n}$

12. 在下列各项中，计算结果等于递延年金现值的有（　　）。
   A. $A''\dfrac{1-(1+i)^{-(n-s)}}{i}(1+i)^{-s}$
   B. $A''(P_A/A, i, n-s)(P/F, i, s)$
   C. $A''\left[\dfrac{1-(1+i)^{-n}}{i} - \dfrac{1-(1+i)^{-s}}{i}\right]$
   D. $A''\left[(P_A/A, i, n) - (P_A/A, i, s)\right]$
   E. $A''\dfrac{1-(1+i)^{-n}}{i}(1+i)$

13. 长期投资决策评价指标的主要作用包括（　　）。
   A. 衡量比较投资项目可行性
   B. 衡量企业的财务状况
   C. 反映项目的投入产出关系
   D. 反映长期投资的效益
   E. 反映企业的经营成果

14. 在下列指标中，可以仅依据项目现金流量信息计算出来的有（　　）。
   A. 投资利润率
   B. 静态投资回收期
   C. 内部收益率
   D. 净现值率
   E. 净现值

15. 在下列指标中，其计算公式以经营期年利润或年均利润为分子的有（　　）。
   A. 投资利润率
   B. 年平均投资收益率
   C. 原始投资回收率
   D. 包括建设期的投资回收期
   E. 不包括建设期的投资回收期

16. 下列长期投资决策评价指标中，需要以已知的行业基准折现率作为计算依据的包括（　　）。
   A. 净现值率
   B. 获利指数
   C. 内部收益率
   D. 投资利润率
   E. 原始投资回收率

17. 下列各项与获利指数有关的表述中，正确的说法有（　　）。
   A. 当原始投资在建设期内全部投入时，获利指数减去1等于净现值率
   B. 获利指数等于净现值占原始投资的现值合计的百分比
   C. 获利指数无法直接反映项目的实际收益率
   D. 获利指数的大小受行业基准折现率的影响
   E. 获利指数指标是一个动态的相对数正指标

18. 在计算净现值时，下列各项中，属于应用特殊方法前提条件的有（　　）。
   A. 建设期为零
   B. 没有回收额
   C. 每年经营净现金流量相等
   D. 全部投资在建设起点一次投入
   E. 投产后净现金流量表现为普通年金或递延年金形式

19. 如果建设起点发生投资，且项目满足应用特殊方法所要求的条件，在没有对计算结果进行调整的情况下，下列表述中正确的有（　　）。

A. 按一般方法和特殊方法计算出来的净现值相等
B. 按插入函数法求得的净现值等于真正的净现值
C. 按一般方法和特殊方法计算出来的内部收益率相等
D. 可以按插入函数法计算出正确的内部收益率
E. 按插入函数法求得的内部收益率一定会小于真实的内部收益率

20. 如果某一独立方案的评价结论是：基本具有财务可行性，则可以断定该方案的（　　）。

A. 净现值大于或等于零　　　　　　B. 净现值率大于或等于1
C. 获利指数大于或等于1　　　　　　D. 静态投资回收期大于基准回收期
E. 内部收益率大于或等于行业基准折现率

21. 利用评价指标对独立投资项目进行财务可行性评价时，能够得出完全相同结论的指标有（　　）。

A. 净现值　　　　　　　　　　　　B. 净现值率
C. 现值指数　　　　　　　　　　　D. 内部收益率
E. 静态投资回收期

22. 在独立常规投资项目中，当一项投资方案的净现值小于零时，表明该方案（　　）。

A. 获利指数小于1　　　　　　　　B. 不具备财务可行性
C. 净现值率小于零　　　　　　　　D. 内部收益率小于行业基准折现率
E. 静态投资回收期小于基础回收期

23. 已知在甲、乙、丙、丁四个常规投资方案中，甲方案的决策与其他方案之间没有任何关系，在乙方案和丙方案之间只能选择一个方案，丙方案需要以丁方案为前提。据此可以断定（　　）。

A. 甲方案属于单一独立方案　　　　B. 乙与丙方案属于互斥方案
C. 丙与丁方案属于互斥方案　　　　D. 乙与丙方案属于组合方案
E. 丙与丁方案属于组合方案

24. 下列各项中，属于参加多个互斥常规方案比较决策的方案须同时具备的前提条件有（　　）。

A. 净现值≥0　　　　　　　　　　B. 获利指数≥1
C. 净现值率＜0　　　　　　　　　D. 静态投资回收期≤基准回收期
E. 内部收益率≥基准折现率

25. 下列方法中，可用于原始投资额不同且项目计算期也不相同的多个互斥方案比较决策的有（　　）。

A. 净现值法　　　　　　　　　　　B. 净现值率法
C. 均衡的年使用成本法　　　　　　D. 差额投资内部收益率法
E. 计算期统一法

26. 下列各项中，可用于原始投资相同，项目计算期也相同的互斥投资方案比较决策的方法有（　　）。

A. 差额投资内部收益率法　　　　　B. 净现值法

C. 净现值率法 D. 均衡的年使用成本法
E. 计算期统一法

27. 甲、乙两个互斥方案的原始投资额相同，如果决策结论是："无论从什么角度看，甲方案均优于乙方案"，则必然存在的关系有（   ）。

A. 甲方案的净现值大于乙方案 B. 甲方案的净现值率大于乙方案
C. 甲方案的投资回收期大于乙方案 D. 差额投资内部收益率大于设定折现率
E. 乙方案的年等额净回收额大于甲方案

28. 下列属于长期投资决策的有（   ）。

A. 新生产线的开发 B. 老生产线的维护
C. 闲置生产能力的开发利用 D. 固定资产的改建、扩建、更新
E. 固定资产经济寿命的确定

29. 各期 NCF 现值的代数和等于零，则（   ）。

A. 净现值等于1 B. 净现值等于零
C. 内含报酬率等于零 D. 内含报酬率等于折现率
E. 净现值指数等于零

30. 用一个折现率进行折现，使经营期各期的 NCF 现值总和等于投资额现值总和，则（   ）。

A. 这时的折现率就是内含报酬率
B. 这时的内含报酬率大于规定的折现率
C. 这时的内含报酬率可能大于，也可能小于或等于规定的折现率
D. 这时的净现值等于零
E. 这时的净现值指数等于1

三、判断题

1. 因为货币时间价值原理违背了马克思的劳动价值论，所以不适用于社会主义社会。（   ）
2. 货币的时间价值的表现形式就是利息和利率。（   ）
3. 非折现指标又称动态评价指标，包括净现值、净现值率和内部收益率等。（   ）
4. 终结点净现金流量等于终结点那一年的经营净现金流量与该期回收额之和，其回收额必须大于零。（   ）
5. 如果某投资方案的净现值指标大于零，则可以据此断定该方案的静态投资回收期一定小于基准回收期。（   ）
6. 均衡的年使用费方法适用于原始投资不相同，特别是项目计算期不同的多方案比较决策。（   ）
7. 在更新改造项目中，因旧设备提前报废发生处理固定资产净损失而引起的递减所得税不但不会减少当期净现金流量，反而会增加净现金流量。（   ）
8. 在终结点回收的流动资金应当在数额上等于流动资金投资合计。（   ）
9. 全部投资的现金流量表与自有资金的现金流量表的投资主体不同，因此在现金流入量和现金流出量的构成内容上存在明显差别。（   ）

10. 净现值是指在项目计算期内，按资本成本或投资者要求的最低报酬率计算的各年净现金流量现值的代数和。（ ）

11. 可使固定资产年均衡的年使用费达到最低的年限称为固定资产的经济寿命。（ ）

12. 虽然复利现值系数与复利终值系数之间是倒数关系，但年金现值系数与年金终值系数之间并不存在倒数关系。（ ）

13. 在更新改造投资项目的决策中，如果差额投资内部收益率小于设定折现率，那么就应当进行更新改造。（ ）

四、计算分析题

1. 某企业有一项目需3年建成，每年年末投资400 000元（资金成本为10%），该项目建成后，每年可获税前净利150 000元，提取折旧132 400元。假如该项目寿命期为10年，期满无残值。

要求：

（1）计算该项目建成后的投资总额是多少？

（2）分别采用净现值、内部收益率和回收期对该投资项目进行评价分析。

2. 某公司现有一台装运设备是两年前购置的，原始成本为100 000元，账面净值为81 000元，尚可使用8年，预计残值为5 000元，每年折旧额为9 500元。使用该设备每年可以实现销售收入100 000元，每年付现的营运成本为60 000元，另外，使用现有设备需要在4年后大修一次，预计大修理费用为20 000元。

现有一供应商来推销一种新的装运设备，新设备的买价及运费共计150 000元，预计可用8年，报废时预计有残值7 500元，使用新设备每年可比旧设备增加销售收入10 000元，同时每年可节约付现的营运成本20 000元。新设备第四年年末也需要大修一次，大修成本为8 000元。购买新设备后，旧设备可以作价60 000元出售，设备更换不会影响企业的生产计划。该公司的资金成本为10%，所得税税率为33%。

要求：做出企业是否进行设备更新的决策分析。

3. 某公司现购置一辆运输车，原始成本为16 000元，预计可使用5年，除维修保养费外，每年的运行成本均为20 000元。维修保养费第一年为5 000元，预计以后每年递增1 000元，该车辆第一年年末处置预计可作价130 000元，以后每年递减25 000元，该企业的资金成本为10%。

要求：做出该运输车辆何时更新的决策分析。

4. 某厂引进一条生产线，其投资额为100万元，投产后每年可获分割利润30万元，该生产线使用期为4年，使用期终了无残值，使用直线法计提折旧，企业投资由银行贷款获得，年复利率为10%。

要求：

（1）计算静态投资回收期和投资报酬率。

（2）计算净现值和内部收益率。

（3）如果使用年限不变，那么每年至少要获等额利润多少万元才不会影响方案的可行性？

（4）如果每年 NCF 不变，使用年限至少要达到多少年才不会影响投资方案的可行性。

5. 某企业拟投资 180 万元购买一套设备，建设期为零，该设备可使用 10 年，使用期终了无残值，经营期内每年 NCF 为 50 万元，该企业的资金成本率为 10%。

要求：

（1）计算该投资方案的净现值和内部收益率。

（2）使用年限不变，经营期内每年 NCF 减少 10%，对净现值和内部收益率的影响程度。

（3）各期 NCF 不变，使用年限减少 10% 对净现值和内部收益率的影响程度。

（4）假定使用年限不变，计算该方案可行的经营期内每年 NCF 的下限，并确定在什么幅度内变化才不会影响方案的可行性。

（5）假定各期 NCF 不变，计算该项目可行的最低使用年限，并确定在什么幅度内变动才不影响方案的可行性。

五、案例分析

琼南洋投资失败分析

琼南洋全称为海南南洋船务实业股份有限公司，成立于 1992 年 12 月 16 日，于 1994 年上市。上市之初，公司规模较小，只有几艘小油轮。1996 年 4 月，原第一大股东海南省航运总公司将所持法人股转让给海南成功投资有限公司。新的董事会提出了以化工品航运为主的"大海运"的构想。正是这一投资战略的重大转变，催生了后来的"宏伟的造船计划"。在这种投资战略的引导下，琼南洋大量借贷，一口气买下了"建中"轮、"顺宝"轮和"新南洋一号" 3 艘二手船，耗资近 2 000 万美元。琼南洋曾将"东海"和"洋浦"号油轮抵押给中国银行。1996 年，为购置"新南洋一号"，又以这两艘油轮捆绑抵押，大大增加了公司的债务成本。到 1996 年，琼南洋的主营业务收入较上年下降了 2 810 万元，税后利润下降了 4 938 万元，由盈利 2 182 万元变为亏损 2 756 万元，资产负债率达 45.5%。1997 年上半年，国际航运业出现暂时好转，公司主营业务收入和税后利润都出现了大幅反弹，公司管理层的乐观情绪高涨。1997 年 8 月，公司与日本川铁商事株式会社签订了建造两艘 8 500 吨化工品船的合同，单船造价高达 19.33 亿日元。1997 年 12 月，公司又与日本福冈船厂签订了建造两艘 11 500 吨化工品船的合同，单船造价高达 23.69 亿日元。1997 年，琼南洋为了造新船，只好再将"东海""洋浦""新南洋一号""建中"和"顺宝" 5 艘船捆绑抵押，这样一来，琼南洋的债务成本又进一步急剧增加，加上国际航运业的严重萧条，到 1998 年，琼南洋的主营业务收入较上年下降了 14 760 万元，税后利润下降了 19 335 万元，由盈利 3 694 万元变为亏损 15 641 万元，资产负债率达 75.51%。

在主营业务下滑、新船未建造完工的困难时期，琼南洋又面临东南亚金融危机的沉重打击。由于国际航运市场萧条，运价一降再降。与此同时，日元强劲升值，尽管国际造船价已下跌 20%，但日元升值达 20%，琼南洋实际上要多支付 40% 的成本。到 1999 年，琼南洋到了还贷高峰期，到期的债务本息高达 3.3 亿元人民币。由于要还债，公司先后低价转让了 4 艘新船，造成直接经济损失 9.54 亿日元。另外，转让其他船只的损失也很大。到 1999 年年末，琼南洋的处境更为艰难。全年亏损 28 686 万元，每股亏损 1.15 元。公司已资不抵债，净资产为 -13 521 万元，每股净资产 -0.54 元，资产负债率急剧上升至

140.22%。买船导致的资金枯竭和巨大的还贷压力将琼南洋推向了破产的边缘。2000年，琼南洋所拥有的"东海""洋浦""南洋一号、二号、三号、五号"和"海鹫"油轮，接连被贱价转让或拍卖，琼南洋陷入绝境。公司全年亏损3 989万元，每股亏损0.16元，每股净资产-0.93元，资产负债率达207.03%；2001年公司全年亏损4 329万元，每股亏损0.17元，每股净资产-1.24元，资产负债率达165.49%。

要求：分析琼南洋失败的原因及其带给我们的启示。

练习题答案

一、单项选择题

1-5	6-10	11-15	16-20
BCACC	ADABC	DBBDB	BDACB
21-25	26-30	31-33	
BCAAC	CCDAC	CCB	

二、多项选择题

1	2	3	4	5
ABCD	AB	BD	ABD	ABDE
6	7	8	9	10
CE	ABC	ABCDE	ACDE	ABC
11	12	13	14	15
BDE	ABCD	ACD	BC	AB
16	17	18	19	20
AB	ACDE	CE	ABCD	ACDE
21	22	23	24	25
ABC	ABCD	ABE	ABE	CE
26	27	28	29	30
BC	AB	ADE	BDE	ADE

三、判断题

1-5	6-10	11-13
×√×××	√√√×√	√√×

四、计算分析题

1.
（1）1 324 000元。

（2）8 044 303元，11.5%，8.15年。

2. 应当更新。

3. 第5年更新。

4.

（1）2.2 年，60%。

（2）67.58 万元，41.14%。

（3）6.55 万元。

（4）2.03 年。

5.

（1）115.66，24.73%。

（2）87.73 万元，24.41%。

（3）98.14 万元，23.67%。

（4）29.29 万元。

（5）4.69 年。

五、案例分析

琼南洋的失败历程令人深思。由于琼南洋没有建立公司高效运作所必需的各种机制，包括投资决策机制、风险防范机制和市场调研机制等，使得公司在不利的市场形势下丧失了发展机遇，最后陷入困境。其失败的主要原因是公司投资战略的定位错误。

琼南洋的失败给我们的重要启示是：作为公司的高层管理者，应该适时进行投资战略分析，要善于在复杂多变的环境中寻求公司长远、健康的发展路径，要居安思危，否则，最后的结局便是被市场所抛弃。

第八章

预算管理

▶ 思维导图

▶ 学习指导

一、学习目的与要求

通过本章的学习，帮助读者理解预算管理的基本概念、主要作用、预算管理体系以及全面预算的内容及其流程。本章重点介绍主要的预算类型及其编制方法，帮助读者掌握主要预算类型的编制原理，并从中理解预算管理的特点及其作用。

二、学习重点

本章的学习重点是了解预算的概念及预算管理的基本原理，理解预算管理与企业内部管理之间的内在联系；准确理解和掌握预算管理的体系和结构，从而完整、科学地理解预算管理的本质；把握经营预算、财务预算和资本支出预算之间的关系；熟练掌握各种预算编制方法，准确理解各种预算编制方法的实质和适用性，并能针对不同的企业环境和管理要求，有效实施预算管理。

三、学习难点

本章的难点是全面预算的编制过程和全面预算编制方法的选择。

练习题

一、单项选择题

1. 生产预算的主要内容有生产量、期初和期末产品存货及（　　）。
  A. 资金量　　　　　　　　　　B. 工时量
  C. 购货量　　　　　　　　　　D. 销货量

2. 下列预算中，不涉及现金收支内容的项目为（　　）。
  A. 销售预算　　　　　　　　　B. 生产预算
  C. 制造费用预算　　　　　　　D. 产品成本预算

3. 编制全面预算的关键和起点是（　　）。
  A. 销售预算　　　　　　　　　B. 生产预算
  C. 现金预算　　　　　　　　　D. 产品成本预算

4. 现金预算属于（　　）。
  A. 经营预算　　　　　　　　　B. 财务预算
  C. 专门决策预算　　　　　　　D. 融资预算

5. 预计期初存货70件，期末存货60件，本期销售280件，则本期生产量为（　　）件。
  A. 250　　　　　　　　　　　 B. 240
  C. 260　　　　　　　　　　　 D. 270

6. 根据预算期内正常的可实现的某业务量水平而编制的预算称为（　　）。
  A. 弹性预算　　　　　　　　　B. 固定预算
  C. 增量预算　　　　　　　　　D. 零基预算

7. 在编制（　　）时，需按成本性态的方法，将企业的成本分成固定成本和变动成本。
  A. 固定预算　　　　　　　　　B. 滚动预算
  C. 增量预算　　　　　　　　　D. 弹性预算

8. 企业的全面预算体系的终结为（　　）。
  A. 销售预算　　　　　　　　　B. 生产预算
  C. 预计财务报表　　　　　　　D. 资本支出预算

9. 下列预算中，属于财务预算的是（　　）。
  A. 销售预算　　　　　　　　　B. 生产预算

C. 现金预算　　　　　　　　　　　　D. 直接人工预算

10. 编制工作量较大，但可以不需要经过计算就可以找到与实际业务相同或相近的预算成本的弹性预算编制方法的是（　　）。

A. 公式法　　　　　　　　　　　　　B. 列表法
C. 图示法　　　　　　　　　　　　　D. 因素法

11. 某企业每季度的销售收入中，本季度收到现金70%，剩余30%下季度收回。若预算年度的第四季度销售收入为30 000元，则资产负债表预算中年末"应收账款"项目的金额为（　　）元。

A. 21 000　　　　　　　　　　　　　B. 9 000
C. 12 000　　　　　　　　　　　　　D. 30 000

12. （　　）没有直接在现金预算中得到反映。

A. 现金筹措与运营　　　　　　　　　B. 预算期现金余缺
C. 预算期产销量　　　　　　　　　　D. 期初、期末现金余额

13. 编制直接材料预算的直接基础是（　　）。

A. 销售预算　　　　　　　　　　　　B. 生产预算
C. 直接人工预算　　　　　　　　　　D. 现金预算

14. 预算期可以自动延伸的预算是（　　）。

A. 弹性预算　　　　　　　　　　　　B. 滚动预算
C. 概率预算　　　　　　　　　　　　D. 零基预算

15. 不以过去实际发生的数额为基础编制预算的是（　　）。

A. 弹性预算　　　　　　　　　　　　B. 滚动预算
C. 概率预算　　　　　　　　　　　　D. 零基预算

16. 编制弹性预算，确定业务量上下限范围，一般在正常生产能力的（　　）。

A. 80%～100%　　　　　　　　　　　B. 70%～110%
C. 50%～120%　　　　　　　　　　　D. 90%～110%

17. 编制弹性预算，对已确定业务量范围的划分，每部分的距离一般为（　　）。

A. 7%～11%　　　　　　　　　　　　B. 5%～10%
C. 1%～3%　　　　　　　　　　　　　D. 8%～10%

18. 编制经营预算与财务预算的期间通常是（　　）。

A. 1个月　　　　　　　　　　　　　 B. 1个季度
C. 半年　　　　　　　　　　　　　　D. 1年

19. 下列各项中，属于零基预算编制程序第一步的是（　　）。

A. 提出预算期内各种活动内容及费用开支方案
B. 对方案进行成本—效益分析
C. 择优安排项目，分配预算资金
D. 搜集历史资料

20. 下列各项中，能够揭示滚动预算基本特点的表述是（　　）。

A. 预算期是相对固定的　　　　　　　B. 预算期是连续不断的
C. 预算期与会计年度一致　　　　　　D. 预算期不可随意变动

二、多项选择题

1. 预算的作用主要表现在（　　）。
   A. 通过引导和控制经济活动，使企业经营达到预期目标
   B. 可以作为业绩考核的标准
   C. 可以显示实际的执行结果
   D. 可以实现企业内部各个部门之间的协调

2. 下列关于全面预算的表述中，正确的有（　　）。
   A. 全面预算包括经营预算、专门决策预算和财务预算三部分
   B. 销售预算是整个预算的编制起点
   C. 财务预算和资本支出预算是业务预算的基础
   D. 财务预算通常属于短期预算

3. 销售预算的主要内容有（　　）。
   A. 销售收入　　　　　　　　　B. 销售费用
   C. 销售数量　　　　　　　　　D. 销售单价

4. 财务预算包括（　　）。
   A. 现金预算表　　　　　　　　B. 资本支出预算
   C. 预计利润表　　　　　　　　D. 预计资产负债表

5. 常用的预算编制方法包括（　　）。
   A. 固定预算　　　　　　　　　B. 零基预算
   C. 作业基础预算　　　　　　　D. 滚动预算

6. 在编制直接材料预算时，预计材料的采购金额与下列哪些因素有关（　　）。
   A. 预算期期初直接材料存货量　　B. 预算期生产量
   C. 预算期期末直接材料存货量　　D. 单位产品材料耗用量

7. 下列预算中，既能反映营运业务又能反映现金收支内容的有（　　）。
   A. 销售预算　　　　　　　　　B. 生产预算
   C. 制造费用预算　　　　　　　D. 直接材料预算

8. 编制弹性预算的步骤为（　　）。
   A. 选择合适的业务量　　　　　B. 确定业务量上下限的范围及其划分的距离
   C. 编制弹性预算表　　　　　　D. 必须使用销售量

9. 弹性预算的特点有（　　）。
   A. 预算期在已确定的业务量范围内按多种业务量水平，确定多种预算额
   B. 按成本的不同性态分类列示
   C. 以零为基础从实际需要与可能出发进行编制
   D. 预算连续不断，使预算期永远保持一年
   E. 以基期预算为基础，结合预算期情况进行调整来编制预算

10. 现金预算中，现金收入包括的内容是（　　）。
    A. 期初现金　　　　　　　　　B. 现销收入
    C. 票据贴现收入　　　　　　　D. 收回的应收账款

11. 预算委员会一般由下列哪些人员组成（　　）。
    A. 总经理   B. 分管销售的副总经理
    C. 分管生产的副总经理 D. 分管财务的副总经理
    E. 总会计师

12. 下列需要考虑存货期初及期末余额的预算是（　　）。
    A. 销售预算   B. 生产预算
    C. 直接材料预算   D. 直接人工预算
    E. 现金预算

13. 为了便于编制现金预算，需要在下列哪些预算中单独反映预计现金的收支（　　）。
    A. 销售预算   B. 生产预算
    C. 直接材料预算   D. 直接人工预算
    E. 制造费用预算

14. 下列中以生产预算为基础编制的预算有（　　）。
    A. 销售预算   B. 直接材料预算
    C. 直接人工预算   D. 制造费用预算
    E. 销售费用预算

15. 在确定制造费用方面预计的现金支出时，下列应予扣除的项目是（　　）。
    A. 管理人员的薪金   B. 固定资产折旧费
    C. 广告费   D. 预提的车间设备修理费
    E. 本期摊销的车间设备修理费

16. 现金预算包括的主要内容有（　　）。
    A. 现金收入   B. 现金支出
    C. 现金多余或不足   D. 现金的筹集和运用
    E. 不涉及现金收支的重大理财事项

17. 下列各项中，属于全面预算体系构成内容的有（　　）。
    A. 业务预算   B. 财务预算
    C. 专门决策预算   D. 零基预算
    E. 滚动预算

18. 下列各项中，属于专门决策预算内容的有（　　）。
    A. 经营决策预算   B. 预计利润表
    C. 预计资产负债表   D. 投资决策预算
    E. 销售预算

19. 专门决策预算是指企业不经常发生的、需要根据特定决策临时编制的一次性预算，主要有（　　）。
    A. 生产预算   B. 制造费用预算
    C. 经营决策预算   D. 投资决策预算
    E. 现金预算

20. 下列各项中，属于克服传统预算方法的缺点而设计的先进预算方法有（　　）。
    A. 固定预算   B. 弹性预算

C. 滚动预算 D. 零基预算
E. 定期预算

三、判断题

1. 企业在编制零基预算时，需要以现有的费用项目为依据，但不以现有的费用水平为基础。（   ）
2. 滚动预算能够使预算期间与会计年度相配合，便于考核预算的执行结果。（   ）
3. 预计生产量＝预计销售量＋预计期末产成品存货量－预计期初产成品存货量。（   ）
4. 滚动预算又称滑动预算。（   ）
5. 短期决策预算属于业务预算体系，而长期决策预算一般不纳入业务预算体系。（   ）
6. 直接人工预算是以销售预算为基础编制的。（   ）
7. 专门决策预算的内容既要包括资金投资支出计划，也要包括相应的筹资计划，同时也是编制现金预算和资产负债表预算的依据。（   ）
8. 销售预算、生产预算等其他预算的编制，要以现金预算的编制为基础。（   ）
9. 在编制制造费用预算时，需要将固定资产折旧从固定制造费用中扣除。（   ）
10. 生产预算是以实物量作为计量单位的预算。（   ）
11. 概率预算反映了各预定指标在企业实际经营过程中可能发生的变化。（   ）
12. 专门决策预算一般情况下，预算数要纳入日常业务预算和现金预算。（   ）
13. 零基预算一般要对各项预算方案开展成本—效益分析。（   ）
14. 相对于固定预算而言，弹性预算可以使业绩控制和考评建立在更加现实和可比的基础上。（   ）
15. 虽然费用有变动和固定之分，但在编制制造费用预算时并没有必要采用不同的编制方法。（   ）
16. 产品成本预算需要在生产预算、直接材料预算、直接人工预算和制造费用预算的基础上编制。（   ）
17. 经营决策预算是指与项目投资决策密切相关的专门决策预算。（   ）
18. 预计资产负债表和预计利润表构成了整个财务预算。（   ）
19. 预算委员会应由企业全体财务人员组成。（   ）

四、计算分析题

1. 某工厂期初存货为300件，本期预计销售600件。
要求：如果预计期末存货为400件，本期应生产多少件？

2. 假设A公司只生产一种产品，销售单价为220元，预算年度内四个季度的销售量经测算分别为150件、200件、250件和300件。根据以往经验，销货款在当季可收到70%，下一季度可收到其余的30%。预计预算年度第一季度可收回上一年第四季度的应收账款20 000元。
要求：计算本年各季度销售活动的现金收入。

3. 某企业现着手编制20×9年6月的现金收支计划。预计20×9年6月初现金余额为 8 000 元；月初应收账款 4 000 元；预计月内可收回 80%；本月销货 50 000 元，预计月内收款比率为 50%；本月采购材料 8 000 元，预计月内付款 70%；月初应付账款余额 5 000 元需要在月内全部付清；月内以现金支付工资 8 400 元；本月制造费用等间接费用付现 16 000 元；其他经营性现金支出 900 元；购买设备支付现金 10 000 元。企业现金不足时，可向银行借款，借款金额为 1 000 元的倍数；现金多余时可购买有价证券。要求月末现金余额不低于 5 000 元。

要求：

（1）计算经营现金收入。

（2）计算经营现金支出。

（3）计算现金余缺。

（4）确定最佳现金筹措或运用数额。

（5）确定 20×9 年 6 月末的现金余额。

4. 五星公司 20×9 年有关预算资料如下。

（1）预计该企业 6 月份至 10 月份的销售收入分别为 40 000 万元、50 000 万元、60 000 万元、70 000 万元和 80 000 万元。每月销售收入中，当月回收 30% 现金，下月收到 70% 现金。

（2）各月直接材料采购成本按下一个月销售收入的 60% 计算。所购材料款于当月支付现金 50%，下月支付现金 50%。

（3）预计该企业 7 月份至 9 月份的制造费用分别为 4 000 万元、4 500 万元和 4 200 万元，每月制造费用中包括折旧费 1 000 万元。

（4）预计该企业 7 月份购置固定资产，需要现金 15 000 万元。

（5）企业在 3 月末有长期借款 20 000 万元，利息率为 15%。

（6）预计该企业在现金有余缺时利用短期借款进行调剂，不足时，向银行申请短期借款（为 100 万元的整数倍）；现金有多余时归还银行短期借款（为 100 万元的整数倍）。借款在期初，还款在期末，借款年利率为 12%。

（7）预计该企业理想的期末现金余额为 6 000 万元，长期借款利息每季度末支付一次，短期借款利息还本时支付，其他资料见现金预算表。

要求：根据以上资料，为五星公司编制 7～9 月份预算，并完善表 8-1。

表 8-1 五星公司现金预算　　　　　　　　　　　　　　单位：万元

月份	7	8	9
期初现金余额	7 000		
经营性现金收入			
经营性现金支出：			
直接材料			
直接人工	2 000	3 500	2 800
制造费用			
其他付现费用	800	900	750
预交所得税			8 000

（续）

月份	7	8	9
资本性现金支出			
现金余缺			
支付利息			
取得短期借款			
归还短期借款			
期末现金余额			

5. 已知：甲企业 20×9 年度制造费用的明细项目如下。间接人工：基本工资为 3 000 元，另外每工时补助津贴为 0.1 元；物料费：每工时负担 0.15 元；折旧费：5 000 元；维护费：固定的维护费为 2 000 元，另外每工时负担 0.08 元；水电费：固定部分为 1 000 元，另外每工时负担 0.2 元。

要求：根据上述资料为该企业在生产能量为 3 000～6 000 工时的相关范围内，采用该列表法编制一套能适应多种业务量的制造费用弹性预算（间隔为 1 000 工时）。

6. 已知：某企业 20×9 年现金预算部分数据如表 8-2 所示，假定该企业各季末的现金余额不得低于 6 000 元。

表 8-2　20×9 年度现金预算　　　　　　　　　　　单位：元

项目	第一季度	第二季度	第三季度	第四季度	全年
期初现金余额	9 000	G	N	W	F_1
加：现金收入	A	94 000	120 000	X	406 500
可动用现金合计	89 000	H	P	119 500	G_1
减：现金支出					
直接材料	B	55 000	60 000	45 000	H_1
制造费用	34 000	30 000	Q	Y	130 000
销售费用	2 000	3 000	R	4 500	13 500
购置设备	10 000	12 000	10 000	Z	45 000
支付股利	3 000	3 000	3 000	3 000	J_1
现金支出合计	C	I	S	A_1	K_1
现金余缺	(6 000)	J	13 000	B_1	L_1
现金筹集与应用					
银行借款（期初）	D	K	—	—	M_1
归还本息（期末）	—	—	T	C_1	N_1
现金筹集与运用合计	E	L	U	D_1	P_1
期末现金合计	F	M	V	8 000	Q_1

要求：计算填列现金预算表中用各字母表示的项目数据。

五、简答题

1. 试述全面预算的基本内容及其结构体系。
2. 简要说明全面预算的作用。
3. 简述现金预算的内容。
4. 简要说明弹性预算的概念及其主要特点。

练习题答案

一、单选题

1~5	6~10	11~15	16~20
DBABD	BDCCB	BCBBD	BBDAB

二、多项选择题

1	2	3	4	5
ABD	ABD	ACD	ACD	ABCD
6	7	8	9	10
ABCD	ACD	ABC	AB	ABCD
11	12	13	14	15
ABCDE	BCE	ACDE	BCD	ABCDE
16	17	18	19	20
ABCD	ABC	AD	CD	BCD

三、判断题

1~5	6~10	11~15	16~19
××√××	×××√√	√×√√×	××√×

四、计算分析题

1. 本期生产量 =400+600-300 件 =700 件

2.
第一季度现金收入 =20 000+220×150×70% 元 =43 100 元
第二季度现金收入 =220×150×30%+220×200×70% 元 =40 700 元
第三季度现金收入 =220×200×30%+220×250×70% 元 =51 700 元
第四季度现金收入 =220×250×30%+220×300×70% 元 =62 700 元

3.
（1）经营现金收入 =4 000×80%+50 000×50% 元 =28 200 元
（2）经营现金支出 =8 000×70%+5 000+8 400+16 000+900 元 =35 900 元
（3）现金余缺 =8 000+28 200-(35 900+10 000) 元 =-9 700 元

（4）银行借款数额 =5 000+10 000 元 =15 000 元

（5）月末现金余额 =15 000-9 700 元 =5 300 元

4.

（1）经营性现金收入：

7月：50 000×30%+40 000×70% 万元 =43 000 万元

8月：60 000×30%+50 000×70% 万元 =53 000 万元

9月：70 000×30%+60 000×70% 万元 =63 000 万元

（2）直接材料采购成本：

6月：50 000×60% 万元 =30 000 万元   7月：60 000×60% 万元 =36 000 万元

8月：70 000×60% 万元 =42 000 万元   9月：80 000×60% 万元 =48 000 万元

直接材料采购现金支出：

7月：36 000×50%+30 000×50% 万元 =33 000 万元

8月：42 000×50%+36 000×50% 万元 =39 000 万元

9月：48 000×50%+42 000×50% 万元 =45 000 万元

（3）制造费用支出

现金预算是收付实现制，由于企业计提的折旧费属于非付现成本，没有实际的现金流出，应该在制造费用支出中用制造费用扣除折旧费。

制造费用现金支出：

7月：4 000-1 000 万元 =3 000 万元

8月：4 500-1 000 万元 =3 500 万元

9月：4 200-1 000 万元 =3 200 万元

（4）7月现金余额：

现金余缺：7月：7 000+43 000-33 000-2 000-3 000-800-15 000 万元 =-3 800 万元

借款额：7月：-3 800+借款额≥6 000，则借款额≥9 800，则借款额 =9 800 万元。

7月末现金余额 = -3 800+9 800 万元 =6 000 万元

（5）8月现金余额：

现金余缺：8月：6 000+53 000-39 000-3 500-3 500-900 万元 =12 100 万元

还款额：8月：12 100 - 还款额 ×12%×2/12- 还款额≥6 000，还款额≤5 980.39，取整还款额 =5 900 万元。

8月末现金余额 =12 100-5 900×（1+12%×2/12）万元 =6 082 万元

（6）9月现金余额：

现金余缺：9月：6 082+63 000-45 000-2 800-3 200-750-8 000 万元 =9 332 万元

9月：9 332-20 000×15%×3/12- 还款额×12%×3/12- 还款额≥6 000，还款额≤2 506.8，取整还款额 =2 500 万元。

9月末现金余额 =9 332-20 000×15%×3/12-2 500×（1+12%×3/12）万元 =6 007 万元

则五星公司7～9月份预算如表8-3所示。

表 8-3　五星公司现金预算　　　　　　　　　　　　　　　　　单位：万元

月份	7	8	9
期初现金余额	7 000	6 000	6 082
经营性现金收入	43 000	53 000	63 000
经营性现金支出：			
直接材料	33 000	39 000	45 000
直接人工	2 000	3 500	2 800
制造费用	4 000−1 000=3 000	4 500−1 000=3 500	4 200−1 000=3 200
其他付现费用	800	900	750
预交所得税			8 000
资本性现金支出	15 000		
现金余缺	−3 800	12 100	9 332
支付利息		5 900×12%×2/12=118	
取得短期借款	9 800		
归还短期借款		5 900	2 500
期末现金余额	6 000	6 082	6 007

5. 依题意编制的制造费用弹性预算如表 8-4 所示。

表 8-4　制造费用弹性预算　　　　　　　　　　　　　　　　　　单位：元

直接人工工时	3 000工时	4 000工时	5 000工时	6 000工时
变动性制造费用				
间接人工	300	400	500	600
物料费	450	600	750	900
维护费	240	320	400	480
水电费	600	800	1 000	1 200
固定性制造费用				
间接人工	3 000	3 000	3 000	3 000
折旧费	5 000	5 000	5 000	5 000
维护费	2 000	2 000	2 000	2 000
水电费	1 000	1 000	1 000	1 000
制造费用合计	12 590	13 120	13 650	14 180

6. 依题意填列 20×9 年度现金预算后如表 8-5 所示。

表 8-5　20×9 年度现金预算　　　　　　　　　　　　　　　　　单位：元

项目	第一季度	第二季度	第三季度	第四季度	全年
期初现金余额	9 000	G=6 000	N=6 000	W=7 000	F_1=9 000
加：现金收入	A=80 000	94 000	120 000	X=112 500	406 500
可选用现金合计	89 000	H=100 000	P=126 000	119 500	G_1=415 500
减：现金支出					

（续）

项目	第一季度	第二季度	第三季度	第四季度	全年
直接材料	B=46 000	55 000	60 000	45 000	H_1=206 000
制造费用	34 000	30 000	Q=36 000	Y=30 000	130 000
销售费用	2 000	3 000	R=4 000	4 500	13 500
购置设备	10 000	12 000	10 000	Z=13 000	45 000
支付股利	3 000	3 000	3 000	3 000	J_1=12 000
现金支出合计	C=95 000	I=103 000	S=113 000	A_1=95 500	K_1=406 500
现金余额	(6 000)	J=(3 000)	13 000	B_1=24 000	L_1=9 000
现金筹集与运用					
银行借款（期初）	D=12 000	K=9 000	—	—	M_1=21 000
归还本息（期末）	—	—	T=6 000	C_1=16 000	N_1=22 000
现金筹集与运用合计	E=12 000	L=9 000	U=(6 000)	D_1=(16000)	P_1=(1 000)
期末现金合计	F=6 000	M=6 000	V=7 000	8 000	Q_1=8 000

五、简答题

1. 试述全面预算的基本内容及其结构体系。

全面预算是由一系列预算构成的体系，各预算之间相互联系，是一个有机联系的主体。全面预算一般包括经营预算、专门决策预算和财务预算三大类。企业一般是按照以销定产的经营思路编制预算的，所以销售预算是全面预算的开始，然后根据销售预算和企业存货政策编制生产预算，再根据生产预算编制直接材料预算、直接人工预算、制造费用预算、产品成本预算，之后再编制销售和管理费用预算、专门决策预算，最后编制财务预算。

2. 简要说明全面预算的作用。

全面预算的作用体现在预算管理对象的全方位上。预算对其他手段的全面运用以及企业所有部门、人员等全员参与，主要体现在：第一，明确各部门目标，规定了企业一定时期内企业内部各部门的具体工作目标和任务；第二，协调部门工作，各个部门为了组织的总体利益自觉调整自身的工作目标，相互支撑、相互协调，减少企业内部因矛盾而产生的不必要的成本；第三，控制日常活动，在预算执行过程中，各职能部门的经济活动应经常与预算进行比较和分析，及时提供实际偏离预算的差异额并分析其原因，然后采取有效措施，确保目标的完成；第四，考核工作业绩，在生产经营过程中，把实际同预算进行对比，考核和分析实际成本同预算之间的差异，有助于促进各有关方面及时采取有效措施，消除薄弱环节；第五，促进精细化管理。

3. 简述现金预算的内容。

现金预算是以经营预算和专门决策预算为依据编制的，是用来反映预算期内由于经营和资本支出等原因而引起的一切现金收支及其结果的预算。现金预算一般由现金收入、现金支出、现金多余和不足以及资金的筹集与运用等四个部分组成：现金收入包括期初现金余额和当期预计现金收入；现金支出包括原材料、人工、制造费用和管理费用等各项预算中的支出等；现金多余与不足根据现金余缺情况可采用适当的融资方式来调剂余缺；根据预算期内现金收支的差额和企业有关资金管理的各项政策，确定筹集和运用资金的数额。

4. 简要说明弹性预算的概念及其主要特点。

弹性预算也称变动预算，是在成本性态的基础上，依据业务量、成本和利润之间的联动关系，按照预算期内可预见的多种生产经营或业务量水平分别确定相应数据而编制的预算方法。和固定预算相比，弹性预算适用于变化的市场情况，在不同的业务量下都可以较为有效地用来控制和考核各种经济活动，所以适用于业务量水平经常变动的企业。

按照与特定业务量水平编制的固定预算法相比，其主要特点是：它按预算内某一相关范围内的可预见的多种业务活动水平确定不同的预算额，也可按实际业务活动水平调整其预算额；将实际指标与实际业务量相应的预算额进行对比，并据以进行业绩评价和考核。

第九章 标准成本控制

思维导图

学习指导

一、学习目的与要求

通过对本章的学习，读者一方面要理解和掌握标准成本的含义与种类，另一方面要理解和掌握标准成本制度三大方面的内容：制定标准成本、计算与分析成本差异以及标准成本的账务处理。

二、学习重点

本章的学习重点是标准成本系统差异的计算与分析，以及标准成本控制系统中成本核算与成本业绩报告的编制。

三、学习难点

本章的难点是固定制造费用三差异的计算与分析,以及理解现实制造环境如何对标准成本控制系统产生影响。

练习题

一、单项选择题

1. 将广义的成本控制区分为前馈性成本控制、防护性成本控制和反馈性成本控制所依据的分类标志是(   )。
   A. 成本控制的时间　　　　　　　B. 成本控制的原理
   C. 成本控制的手段　　　　　　　D. 成本控制的对象

2. 将广义的成本控制区分为产品成本控制和质量成本控制所依据的分类标志是(   )。
   A. 成本控制的时间　　　　　　　B. 成本控制的原理
   C. 成本控制的手段　　　　　　　D. 成本控制的对象

3. 在日常实施成本全面控制的同时,应有选择地分配人力、物力和财力,抓住那些重要的、不正常的和不符合常规的关键性成本差异作为控制重点,该项成本控制原则是指(   )。
   A. 全面控制原则　　　　　　　　B. 责权利相结合原则
   C. 讲求效益原则　　　　　　　　D. 例外管理原则

4. 在下列各项中,属于标准成本控制系统前提和关键的是(   )。
   A. 标准成本的制定　　　　　　　B. 成本差异的计算
   C. 成本差异的分析　　　　　　　D. 成本差异的账务处理

5. 与预算成本不同,标准成本是一种(   )。
   A. 总额的概念　　　　　　　　　B. 单位成本的概念
   C. 历史成本　　　　　　　　　　D. 实际成本

6. 在实际工作中得到最广泛采用的标准成本是(   )。
   A. 基本的标准成本　　　　　　　B. 理想的标准成本
   C. 正常的标准成本　　　　　　　D. 以上三个都不对

7. 下列直接材料用量差异中应该由供应部门负责的是(   )。
   A. 材料浪费　　　　　　　　　　B. 不能合理下料
   C. 不能修旧利废　　　　　　　　D. 质量不合格

8. 下列直接材料价格差异中应该由生产部门负责的是(   )。
   A. 贪图便宜购进劣质材料　　　　B. 为吃回扣购进高价材料
   C. 时间充裕但采用不当的运输方式　D. 因未及时提供用料计划导致仓促订货

9. 直接人工效率差异的计算公式是(   )。
   A. 效率差异 = (实际工时 − 标准工时) × 标准工资率

B. 效率差异 =（实际工时 - 标准工时）× 实际工资率
C. 效率差异 =（实际工资率 - 标准工资率）× 实际工时
D. 效率差异 =（实际工资率 - 标准工资率）× 标准工时

10. 直接人工工资率差异的计算公式是（   ）。
A. 工资率差异 =（实际工时 - 标准工时）× 标准工资率
B. 工资率差异 =（实际工时 - 标准工时）× 实际工资率
C. 工资率差异 =（实际工资率 - 标准工资率）× 实际工时
D. 工资率差异 =（实际工资率 - 标准工资率）× 标准工时

11. 固定制造费用差异中生产能力利用差异的计算公式为（   ）。
A. 生产能力利用差异 =（实际工时 - 标准工时）× 标准分配率
B. 生产能力利用差异 =（预计应完成的总工时 - 实际工时）× 标准分配率
C. 生产能力利用差异 =（实际工时 - 预计应完成的总工时）× 标准分配率
D. 生产能力利用差异 =（预计应完成的总工时 - 标准工时）× 标准分配率

12. 下列可能会导致直接人工工资率差异的因素是（   ）。
A. 安排技术不熟练的工人去做复杂的工作
B. 把技术熟练、工资水平较高的工人安排在不必要具备高技术的工作岗位上
C. 采购了不适用的材料
D. 工人在工作中消极怠工

13. 在确定产品标准成本时，确定数量标准的部门是（   ）。
A. 会计部门   B. 采购部门
C. 劳动部门   D. 工程技术部门

14. 固定制造费用的实际金额与预算金额之间的差异称为（   ）。
A. 预算差异   B. 效率差异
C. 能量差异   D. 生产能力利用差异

15. 如果标准工时为 80 小时，实耗为 100 小时，标准工资率为每小时 5 元，实际工资率为每小时 3 元，则人工效率差异应为（   ）。
A. 100 元（有利差异）   B. 200 元（有利差异）
C. 100 元（不利差异）   D. 60 元（不利差异）

16. 无论哪个成本项目，在制定标准成本时，都需要分别确定两个标准，两者相乘即为每一成本项目的标准成本，这两个标准是（   ）。
A. 价格标准和用量标准   B. 价格标准和质量标准
C. 历史标准和用量标准   D. 历史标准和质量标准

17. 在标准成本控制系统中，成本差异是指在一定时期内生产一定数量的产品所发生的（   ）。
A. 实际成本与标准成本之差   B. 实际成本与计划成本之差
C. 预算成本与标准成本之差   D. 预算成本与实际成本之差

18. 某企业甲产品消耗直接材料，其中 A 材料价格标准为 3 元/千克，数量标准为 5 千克/件，B 材料价格标准为 4 元/千克，数量标准为 10 千克/件，则甲产品消耗直接材料的标准成本为（   ）。

A. 15元 B. 40元
C. 55元 D. 65元

二、多项选择题

1. 按成本控制的手段分类，可将成本控制分为（　　）。
   A. 前馈性成本控制 B. 防护性成本控制
   C. 反馈性成本控制 D. 绝对成本控制
   E. 相对成本控制

2. 下列各项中，应纳入成本全过程控制内容的有（　　）。
   A. 产品设计阶段 B. 试制阶段
   C. 生产阶段 D. 销售阶段
   E. 售后服务阶段

3. 要实现成本的全面控制原则，必须做到（　　）。
   A. 全员控制 B. 全过程控制
   C. 全方位控制 D. 全社会控制
   E. 全行业控制

4. 下列各项中，属于成本控制原则的有（　　）。
   A. 全面控制原则 B. 责权利相结合的原则
   C. 讲求效益原则 D. 例外管理原则
   E. 客观性原则

5. 实务中，在贯彻成本控制的例外管理原则时，确定"例外"的标准通常可考虑（　　）。
   A. 重要性 B. 一贯性
   C. 可控性 D. 普遍性
   E. 特殊性

6. 下列各项中，属于标准成本控制系统构成内容的有（　　）。
   A. 标准成本的制定 B. 成本差异的计算与分析
   C. 成本差异的账务处理 D. 成本差异的分配
   E. 成本预算的编制

7. 成本控制的程序是指实施成本控制需要依次经过的步骤，通常包括（　　）。
   A. 确定成本控制的目标或标准 B. 分解落实控制的目标
   C. 计算并分析成本差异 D. 进行质量成本控制
   E. 进行考核评价

8. 单位产品标准工时包括的内容有（　　）。
   A. 对产品直接加工的时间 B. 必要的间歇时间
   C. 必要的停工时间 D. 不可避免的废品所耗用的时间
   E. 可避免的废品所耗用的时间

9. 下列直接材料用量差异中，应该由生产部门负责的有（　　）。
   A. 材料浪费 B. 不能合理下料

C. 不能做到综合利用　　　　　　D. 不能修旧利废
E. 质量不合格

10. 下列属于价格差异性质的有（　　）。
A. 直接材料价格差异　　　　　　B. 直接人工效率差异
C. 直接人工工资率差异　　　　　D. 变动制造费用耗费差异
E. 变动制造费用效率差异

11. 固定制造费用差异可以分解为（　　）。
A. 用量差异　　　　　　　　　　B. 价格差异
C. 预算差异　　　　　　　　　　D. 效率差异
E. 生产能力利用差异

12. 下列项目中属于成本差异中"价格"要素的是（　　）。
A. 材料单价　　　　　　　　　　B. 小时工资率
C. 固定性制造费用预算额　　　　D. 变动性制造费用分配率

13. 影响直接人工成本差异的主要原因是（　　）。
A. 劳动生产率的变化　　　　　　B. 产品工艺过程的改进
C. 工资级别的调整　　　　　　　D. 工种调配的改变

14. 下列各项中，能够导致材料价格差异的原因有（　　）。
A. 材料质量差，废料过多　　　　B. 材料采购计划编制不准确
C. 材料调拨价格或市场价格的变动　　D. 因临时紧急进货，使买价和运输费上升
E. 机器设备效率增减，使材料耗用量发生变化

15. 在标准成本系统中，可将变动性制造费用成本差异分解为以下内容，包括（　　）。
A. 耗费差异　　　　　　　　　　B. 预算差异
C. 开支差异　　　　　　　　　　D. 效率差异
E. 用量差异

三、判断题

1. 广义成本控制是指对产品成本生产阶段全过程的控制。（　　）
2. 成本控制按其控制时期可分为经营期成本控制和使用寿命期成本控制。（　　）
3. 按照例外原则，那些具有重要性、一贯性、可控性或特殊性特征的成本差异属于例外项目。（　　）
4. 全面成本控制原则就是要求进行全过程控制。（　　）
5. 标准成本与预算成本都是一种预定的成本目标，两者在本质上是相同的。（　　）
6. 理想标准成本是以现有的生产经营条件处于最佳状态为基础确定的标准成本，因而它最适宜成为现行标准成本。（　　）
7. 因为有利差异是实际成本低于标准成本而形成的节约额，所以，有利差异应越大越好。（　　）
8. 数量差异是用量差与实际价格的乘积。（　　）
9. 固定性制造费用生产能力利用差异反映的是计划生产能力的利用程度，如果应耗用的标准小时数等于预计小时数，那么就不存在生产能力利用差异。（　　）

10. 混合差异是指将总差异扣除所有纯差异后的剩余差异,它等于价格差与用量差之积。( )

11. 在标准成本控制系统中,计算价格差异的用量基础是实际产量下的标准耗用量。( )

12. 单位产品任何一项成本的标准成本都应等于该项目的价格标准与标准用量的乘积。( )

13. 在标准成本制度下,为简化计算,不单独计算混合差异,而是将其直接归并于某项差异。( )

14. 在标准成本控制系统中,对超支差贷记有关的差异账户,节约差则借记相应账户,相应的生产费用账户按标准成本予以登记。( )

15. 在期末成本差异账务处理方法中,将本期的各类差异按照标准成本的比例在期末存货本期销货之间进行分配,从而将存货成本和销货成本调整为实际成本的方法,叫作递延法。( )

四、计算分析题

1. 已知某企业生产 A 产品,有关资料如下:

(1)生产 A 产品,耗用甲、乙两种材料。其中,甲材料标准价格为每千克 20 元,乙材料标准价格为每千克 32 元。单位产品耗用甲材料标准为每件 5 千克,乙材料为每件 9 千克。

(2)甲产品单位标准工时为 13 小时,直接人工标准工资率为 7.5 元。

(3)固定性制造费用预算数为 61 000 元;变动性制造费用预算数为 38 000 元。标准总工时数为 10 000 小时。

要求:制定 A 产品的标准成本。

2. M 产品本期标准产量为 100 台,每台标准工时为 9 小时,直接材料标准耗用量为 10 千克,直接材料标准单价为 10 元,本期固定制造费用预算为 4 500 元。本期实际产量为 120 台,每台实际工时为 10 小时,实际耗用材料为 1 250 千克,直接材料成本为 13 750 元,实际发生固定制造费用 4 200 元。

要求:

(1)计算直接材料成本差异。

(2)采用三差异法计算固定制造费用成本差异。

3. 某公司生产 A 产品,有关直接材料和直接人工的标准成本资料如表 9-1 所示。

表 9-1 A 产品标准成本资料

成本项目	价格标准	用量标准
直接材料	1.5元/千克	6千克
直接人工	8元/小时	0.5小时

本月实际发生的业务如下:

(1)购进直接材料 21 000 千克,实际支付 34 650 元。

(2)所购材料全部用于生产,共生产 A 产品 3 400 件。

（3）本期共耗用人工 1 600 小时，支付工资成本 13 000 元。

要求：

（1）计算本月份直接材料价格差异与用量差异。

（2）计算本月份直接人工工资率差异与人工效率差异。

4. 已知：某企业制定甲产品耗用材料的标准成本如表 9-2 所示。

表 9-2　制定甲产品耗用材料的标准成本

标准	A材料	B材料	C材料
预计发票单价/（元/千克）	15	50	23
装卸检验等成本/（元/千克）	1	2	0.5
小计	16	52	23.5
材料设计用量/（千克/件）	30	15	40
允许损耗量/（千克/件）	0.5	1	0
小计	30.5	16	40

20××年3月，该企业实际购入 A 材料 2 600 千克，其中生产甲产品领用 2 500 千克，采购材料时实际支付 39 000 元，本期生产甲产品 80 件。

要求：

（1）确定甲产品直接材料的标准成本。

（2）计算 A 材料的总差异和分差异。

5. 已知：某企业生产一种产品，其变动性制造费用的标准成本为 24 元/件（8 元/小时 ×3 小时/件）。本期实际产量为 1 300 件，发生实际工时为 4 100 小时，变动性制造费用总差异为 -40 元，属于节约差。

要求：

（1）计算实际发生的变动性制造费用。

（2）计算变动性制造费用的效率差异。

（3）计算变动性制造费用的耗费差异。

6. 某厂月正常生产能力为 5 000 人工小时，本月实际产量为 800 单位。有关资料如表 9-3 所示。

表 9-3　某厂生产资料

项目	标准用量	标准单价	标准成本	实际用量	实际单价	实际成本
直接材料	0.1千克	150元	15元	0.11千克	140元	15.4元
直接人工	5小时	4元	20元	5.5小时	3.9元	21.45元
变动制造费用	5 000元（预算）			4 800元（实际）		
固定制造费用	6 000元（预算）			5 000元（实际）		

要求：

（1）计算直接材料成本差异。

（2）计算直接人工成本差异。

(3)计算变动制造费用成本差异。

(4)采用三差异法计算固定制造费用成本差异。

7. 某企业的月正常生产能力为 1 000 直接人工小时,一个月的固定性制造费用预计为 6 000 元,变动性制造费用预计为 9 500 元。4 月份的有关数据如下:

采购材料	20 000 千克
直接人工费用	3 600 元
总的人工差异	500 元(有利差异)
实际的平均工资率	4.8 元/小时(低于标准工资率 0.2 元)
变动性制造费用	6 675 元
直接材料价格差异	200 元(有利差异)
直接材料数量差异	610 元(有利差异)
材料采购价格	0.6 元/千克
所耗材料	1 500 千克
实际固定性制造费用	7 200 元

要求:试用上述资料求出所有的成本差异。

8. 已知:某企业生产一种产品,相关成本资料如表 9-4 和表 9-5 所示。

表 9-4　直接材料相关资料　　　　　　　　　　　　价值单位:元

材料品名	标准成本			实际成本			差异
	耗用量(件)	单价	金额	耗用量(件)	单价	金额	
甲	1 000	10	10 000	1 200	11	13 200	+3 200
乙	2 000	6	12 000	2 100	5	10 500	−1 500
合计			22 000			23 700	+1 700

表 9-5　制造费用相关资料　　　　　　　　　　　　价值单位:元

项目	预算数 (6 000工时)		实际产量标准数 (5 000工时)	实际数
	金额	分配率	金额	金额
变动性制造费用	2 400	0.4	0.4 × 5 000=2 000	2 090
固定性制造费用	4 800	0.8	0.8 × 5 000=4 000	4 675
制造费用合计	7 200	1.2	1.2 × 5 000=6 000	6 765

要求:

(1)计算直接材料标准成本差异。

(2)计算直接材料数量差异和价格差异。

(3)计算变动制造费用标准成本差异。

(4)计算变动制造费用的效率差异和耗费差异。

(5)计算固定制造费用标准成本差异。

(6)计算固定制造费用的预算差异和产量差异。

五、案例分析

A 企业只生产一种产品，其产品成本计算采用标准成本计算系统，有关资料如下：

1. 成本计算账户设置

设置"原材料""库存商品"和"生产成本"等存货账户，均按标准成本计价。

成本差异账户设置 9 个，即直接材料价格差异、直接材料数量差异、直接人工工资率差异、直接人工效率差异、变动制造费用效率差异、变动制造费用耗费差异、固定制造费用效率差异、固定制造费用预算差异和固定制造费用能力差异。

2. 费用分配和差异结转方法

原材料在生产开始时一次投入，在产品直接材料成本约当产成品的系数为 1；除直接材料外的其他费用陆续发生，其在产品约当产成品的系数为 0.5。

成本差异采用"结转本期损益法"，在每月月末结转"主营业务成本"账户。

3. 单位产品标准成本

直接材料（5 千克 ×2 元/千克）	10 元
直接人工（4 小时 ×4 元/小时）	16 元
变动制造费用（4 小时 ×1 元/小时）	4 元
固定制造费用（4 小时 ×0.8 元/小时）	3.2 元
单位产品标准成本	33.2 元

4. 本月生产及销售情况

生产能力	22 000 小时
月初在产品数量	500 件
本月投产数量	5 000 件
本月完工入库数量	4 900 件
月末在产品数量	600 件
月初产成品数量	400 件
本月销售数量	4 600 件

5. 有关成本计算的业务数据

月初材料为 5 000 千克，本月购入原材料为 25 000 千克，实际成本为 55 000 元；本月生产领用原材料为 25 500 千克。

实际耗用工时为 20 000 小时；应付生产工人工资为 85 000 元；实际发生变动制造费用为 25 000 元；实际发生固定制造费用为 20 000 元。

要求：

（1）计算购入原材料时所发生的直接材料价格差异，并做账务处理。

（2）计算领用原材料时所产生的直接材料数量差异，并做账务处理。

（3）计算本月发生的直接人工效率差异与工资率差异，并做账务处理。

（4）计算本月发生的变动制造费用耗费差异和效率差异，并做账务处理。

（5）计算本月发生的固定制造费用预算差异、效率差异和能力差异，并做账务处理。

（6）填写下列产品成本明细账（见表9-6），并做产品入库的账务处理。

表9-6　产品成本明细账　　　　　　　　　　　　　　　　单位：元

摘要	直接材料	直接人工	变动制造费用	固定制造费用	合计
月初在产品成本					
本月发生生产费用					
生产费用累计					
完工产品成本					
月末在产品成本					

（7）计算月末存货成本，并做产品销售的账务处理。

（8）结转成本差异，完成相应账务处理。

练习题答案

一、单项选择题

1-5	6-10	11-15	16-18
BDDAB	CDDAC	BBDAC	AAC

二、多项选择题

1	2	3	4	5
DE	ABCDE	ABC	ABCD	ABCE
6	7	8	9	10
ABC	ABCE	ABCD	ABCD	ACD
11	12	13	14	15
CDE	ABD	ABCD	BCD	AD

三、判断题

1-5	6-10	11-15
×√√×√	××××√	×√√×√

四、计算分析题

1. A产品的标准成本 =614.2元/件

2.

（1）直接材料数量差异 = 500元；直接材料价格差异 = 1 250元

（2）固定制造费用预算差异 = -300元；固定制造费用效率差异 = 600元；

固定制造费用能力差异 = -1 500元

3.

（1）直接材料价格差异＝3 150元；直接材料数量差异＝900元

（2）直接人工工资率差异＝200元；直接人工效率差异＝-800元

4.

（1）甲产品直接材料的标准成本＝2 260元/件

（2）A材料成本差异＝-1 540元；A材料数量差异＝+960元；A材料价格差异＝-2 500元

5.

（1）实际变动性制造费用＝31 160元

（2）变动性制造费用效率差异＝+1 600元

（3）变动性制造费用耗费差异＝-1 640元

6.

（1）直接材料价格差异＝-880元；直接材料数量差异＝1 200元

（2）直接人工工资率差异＝-440元；直接人工效率差异＝1 600元

（3）变动性制造费用效率差异＝400元；变动性制造费用耗费差异＝400元

（4）固定性制造费用效率差异＝480元；固定性制造费用能力差异＝720元；固定性制造费用预算差异＝-1 000元

7.

直接人工工资率差异＝350元；直接人工效率差异＝150元

变动性制造费用效率差异＝-450元；变动性制造费用耗费差异＝-665元

固定性制造费用效率差异＝-420元；固定性制造费用预算差异＝1 200元

固定性制造费用能力差异＝1 500元

8.

（1）直接材料标准成本差异＝+1 700元

（2）直接材料数量差异＝+2 600元；直接材料价格差异＝-900元

（3）变动性制造费用标准成本差异＝+90元

（4）变动性制造费用效率差异＝+200元；变动性制造费用耗费差异＝-110元

（5）固定性制造费用标准成本差异＝+675元

（6）固定性制造费用预算差异＝-125元；固定性制造费用产量差异＝+800元

五、案例分析

（1）购入原材料25 000千克，实际成本为55 000元，实际价格为55 000/25 000元/千克＝2.2元/千克

标准成本＝25 000×2元＝50 000元

实际成本＝25 000×2.2元＝55 000元

直接材料价格差异＝25 000×(2.2-2)元＝5 000元

会计分录：

借：原材料		50 000
直接材料价格差异		5 000
贷：应付账款		55 000

（2）本月投产 5 000 件，领用材料 25 500 千克，则

应耗材料标准成本 =5 000×5×2 元 =50 000 元

实际领料标准成本 =25 500×2 元 =51000 元

直接材料数量差异 =(25 500-5000×5)×2 元 =1 000 元

会计分录：

借：生产成本		50 000
直接材料数量差异		1 000
贷：原材料		51 000

（3）直接人工工资：

本月实际耗用工时 20 000 小时；应付生产工人工资为 85 000 元；实际平均每小时 85 000/2 000 元 =4.25 元。

借：应付职工薪酬		85 000
贷：银行存款		85 000

为了确定应记入"生产成本"账户的标准成本数额，需计算本月实际完成的约当产量。在产品约当完工产品的系数为 0.5，月初在产品为 500 件，本月投产 5 000 件，本月完工入库 4 900 件，月末在产品为 600 件，则

本月完成的约当产量

= 月初在产品产量 ×(1- 完工率)+ 本月投产量 - 月末在产品产量 ×(1- 完工率)

=500×0.5+5 000-600×0.5 件

=4 950 件

= 月末在产品产量 × 完工率 + 本月完工量 - 月初在产品产量 × 完工率

=600×0.5+4 900-500×0.5 件

=4 950 件

标准成本 =4 950×4×4 元 =79 200 元

实际成本 =20 000×4.25 元 =85 000 元

直接人工效率差异 =(20 000-4 950×4)×4 元 =800 元

直接人工工资率差异 =20 000×(4.25-4) 元 =5 000 元

会计分录：

借：生产成本		79 200
直接人工工资率差异		5 000
直接人工效率差异		800
贷：应付职工薪酬		85 000

（4）变动制造费用：

本月实际发生变动制造费用 25 000 元，实际费用分配率为 1.25 元/小时（25 000÷20 000）。

  借：变动制造费用   25 000
    贷：各有关账户   25 000

将其计入产品成本：

标准成本 = 4 950 × 4 × 1 元 = 19 800 元

实际成本 = 20 000 × 1.25 元 = 25 000 元

变动制造费用效率差异 = (20 000 − 4 950 × 4) × 1 元 = 200 元

变动制造费用耗费差异 = 20 000 × (1.25 − 1) 元 = 5 000 元

  借：生产成本   19 800
    变动制造费用耗费差异   5 000
    变动制造费用效率差异   200
    贷：变动制造费用   25 000

（5）固定制造费用：

本月实际发生固定制造费用 20 000 元，实际费用分配率为 1 元/小时（20 000÷20 000）。

  借：固定制造费用   20 000
    贷：各有关账户   20 000

将其计入产品成本：

标准成本 = 4 950 × 4 × 0.8 元 = 15 840 元

实际成本 = 20 000 × 1 元 = 20 000 元

固定制造费用预算差异 = 20 000 − 22 000 × 0.8 元 = 2 400 元

固定制造费用能力差异 = (22 000 − 20 000) × 0.8 元 = 1 600 元

固定制造费用效率差异 = (20 000 − 4 950 × 4) × 0.8 元 = 160 元

会计分录：

  借：生产成本   15 840
    固定制造费用能力差异   1 600
    固定制造费用预算差异   2 400
    固定制造费用效率差异   160
    贷：固定制造费用   20 000

（6）完工产品入库：

本月完工产成品为 4 900 件，完工产品标准成本 = 4 900 × 33.2 元 = 162 680 元

会计分录：

  借：库存商品   162 680
    贷：生产成本   162 680

上述分录过账后,"生产成本"账户余额为 12 960 元,其中材料标准成本为 6 000 元(600×10),直接人工为 4 800 元(600×16×0.5),变动制造费用为 1 200 元(600×4×0.5),固定制造费用为 960 元(600×3.2×0.5)。

注:本月初在产品存货为 500 件,其标准成本为 10 800 元。由于原材料一次投入,在产品存货中含原材料成本 5 000 元(500×10)。其他成本项目采用约当产量法计算,在产品约当完工产品的系数为 0.5,500 件在产品的其他成本项目共 5 800 元[500×0.5×(16+4+3.2)]。其中直接人工为 4 000 元(500×16×0.5),变动制造费用为 1 000 元(500×4×0.5),固定制造费用为 800 元(500×3.2×0.5)。本月投产 5 000 件,完工入库 4 900 件,月末在产品为 600 件。

生产成本借方金额 = 月初成本 + 直接材料 + 直接人工 + 变动制造费用 + 固定制造费用
　　　　　　　　 =10 800+5 000×10+4 950×16+4 950×4+4 950×3.2 元
　　　　　　　　 =10 800+5 000+79 200+19 800+15 840 元
　　　　　　　　 =175 640 元

生产成本贷方金额 = 完工成本 + 月末成本 =4 900×33.2+12 960 元 =175 640 元

填写下列产品成本明细账,如表 9-7 所示。

表 9-7　产品成本明细账　　　　　　　　　　　　　　　　　　　　　　单位:元

摘要	直接材料	直接人工	变动制造费用	固定制造费用	合计
月初在产品成本	5 000	4 000	1 000	800	10 800
本月发生生产费用	50 000	79 200	19 800	15 840	164 840
生产费用累计	55 000	83 200	20 800	16 640	175 640
完工产品成本	49 000	78 400	19 600	15 680	162 680
月末在产品成本	6 000	4 800	1 200	960	12 960

(7)产品销售:

本月初产成品存货 400 件,其标准成本为 13 280 元(400 件×33.2 元/件)

本月完工入库 4 900 件,其标准成本为 162 680 元(4 900 件×33.2 元/件)

本月销售 4 600 件,结转已销产品成本 =4 600×33.2 元 =152 720 元

会计分录:

借:主营业务成本　　　　　　　　　　　　　　　　　　　　　　　　　152 720
　　贷:库存商品　　　　　　　　　　　　　　　　　　　　　　　　　152 720

上述分录过账后,"库存商品"账户期末余额为 23 240 元。它反映 700 件期末存货的标准成本 23 240 元(700 件×33.2 元/件)。

(8)结转成本差异:

假设本企业采用"结转本期损益法"处理成本差异。

会计分录:

借:主营业务成本　　　　　　　　　　　　　　　　　　　　　　　　　21 160

贷：直接材料价格差异　　　　　　　　　　　　　　　　　5 000
　　直接材料数量差异　　　　　　　　　　　　　　　　　1 000
　　直接人工工资率差异　　　　　　　　　　　　　　　　5 000
　　直接人工效率差异　　　　　　　　　　　　　　　　　　800
　　变动制造费用耗费差异　　　　　　　　　　　　　　　5 000
　　变动制造费用效率差异　　　　　　　　　　　　　　　　200
　　固定制造费用能力差异　　　　　　　　　　　　　　　1 600
　　固定制造费用预算差异　　　　　　　　　　　　　　　2 400
　　固定制造费用效率差异　　　　　　　　　　　　　　　　160

第十章 责任会计

思维导图

学习指导

一、学习目的与要求

通过对本章的学习，了解责任会计的作用、基本内容、基本原则和实施基础；理解责任中心的类型及其划分依据；掌握责任中心的业绩评价与考核，内部转移价格的制定方法。

二、学习重点

本章的学习重点是掌握各类责任中心的划分及其业绩评价与考核指标，以及内部转移价格的制定方法及其选择。

三、学习难点

本章的难点是跨国转移价格的制定，以及运用内部转移价格进行内部结算和责任结转。

▶ 练习题

一、单项选择题

1. 下列各项中，属于建立责任会计目标的是（　　）。
   A. 实现责权利的协调统一　　　　B. 划分责任中心
   C. 编制责任预算　　　　　　　　D. 提交责任报告
2. 责任会计制度得以建立的基本条件是（　　）。
   A. 集权化管理模式　　　　　　　B. 分权化管理模式
   C. 垂直型管理模式　　　　　　　D. 水平型管理模式
3. 下列各项中，应作为成本中心控制和考核内容的是（　　）。
   A. 责任成本　　　　　　　　　　B. 产品成本
   C. 直接成本　　　　　　　　　　D. 目标成本
4. 责任成本是某一责任中心的（　　）。
   A. 相关成本　　　　　　　　　　B. 直接成本
   C. 可控成本　　　　　　　　　　D. 变动成本
5. 对于任何一种成本中心来说，其责任成本应该与其相等的项目是（　　）。
   A. 产品成本　　　　　　　　　　B. 固定成本之和
   C. 可控成本之和　　　　　　　　D. 不可控成本之和
6. 下列成本中属于技术性成本的是（　　）。
   A. 管理人员工资　　　　　　　　B. 直接材料
   C. 研究开发费用　　　　　　　　D. 广告宣传费
7. 从责任中心划分角度来看，会计、人事与研发中心等部门属于（　　）。
   A. 成本中心　　　　　　　　　　B. 利润中心
   C. 投资中心　　　　　　　　　　D. 费用中心
8. 下列各项中，不属于利润中心应当拥有的权利是（　　）。
   A. 价格决策权　　　　　　　　　B. 投资决策权
   C. 生产决策权　　　　　　　　　D. 销售决策权
9. "贡献毛益"指标适合（　　）的考核。
   A. 人为划分的利润中心　　　　　B. 自然形成的利润中心
   C. 成本中心　　　　　　　　　　D. 投资中心
10. 在生产和销售上享有较大自主权，可以相对独立地运用所掌握的资金，自主处置固定资产的责任中心是（　　）。
    A. 成本中心　　　　　　　　　　B. 利润中心
    C. 投资中心　　　　　　　　　　D. 费用中心
11. 衡量投资中心工作业绩的投资报酬率指标，实际上是其销售利润率同其（　　）

的乘积。

A. 资金利润率 B. 资金成本率
C. 投资周转率 D. 投资收益率

12. 在计算投资利润率时，如果经营资产按经营总资产计算，不应作为确定经营净收益扣减项目的是（　　）。

A. 销售费用 B. 管理费用
C. 财务费用 D. 利息费用

13. 在计算投资利润率时，为了正确评价和考核有关部门的工作，固定资产应按（　　）计算。

A. 固定资产原值 B. 固定资产净值
C. 累计折旧 D. 固定资产平均值

14. 某投资中心第一年经营资产平均余额为 100 000 元，经营利润为 20 000 元，第二年该中心新增投资 20 000 元，预计经营利润 3 000 元，接受新投资后，该部门的投资利润率为（　　）。

A. 15.5% B. 20%
C. 17.5% D. 19%

15. 下列项目中，通常具有法人资格的责任中心是（　　）。

A. 投资中心 B. 利润中心
C. 成本中心 D. 费用中心

16. 供需双方分别按照不同的内部转移价格计价结算时采用的是（　　）。

A. 实际成本 B. 市场价格
C. 协商价格 D. 双重价格

17. 从责任会计角度来说，汽车装配部门所安装的外购件属于（　　）。

A. 可控成本 B. 不可控成本
C. 固定成本 D. 变动成本

18. 当某种产品或劳务在市场上出现不同的价格时，买方可以采用最低的市场价格，卖方可以选择最高的市场价格，则该种转移价格属于（　　）。

A. 双重内部转移价格 B. 协议价格
C. 双重市场价格 D. 成本转移价格

19. 以成本作为内部转移价格，为避免责任中心之间责任转嫁，应采用（　　）。

A. 实际成本 B. 标准成本
C. 可控成本 D. 实际成本加成

20. 管理会计将在责任预算的基础上，把实际数与计划数进行比较，用来反映和考核各责任中心工作业绩的书面文书称为（　　）。

A. 差异分析表 B. 责任报告
C. 预算执行情况表 D. 实际执行与预算比较表

二、多项选择题

1. 下列说法中符合责任中心特征的有（　　）。

A. 具有一定的管理权限 　　　　　B. 反映其经济责任履行情况
C. 承担相应的经济责任 　　　　　D. 属于企业内部单位

2. 划分责任中心的标准包括（　　）。
A. 可以划清管理范围 　　　　　　B. 必须自负盈亏
C. 能明确经济责任 　　　　　　　D. 能单独进行业绩考核

3. 有关责任中心责任与权限的划分，下列说法中正确的有（　　）。
A. 责任和权限不能相互交叉，避免出现相互"扯皮"现象
B. 责任和权限必须十分明确，不能模棱两可
C. 责任和权限必须相互适应，依据责任大小赋予管理权利
D. 为保证经济责任的顺利完成，赋予的管理权力应稍大一些

4. 下列各项中，属于建立责任会计制度必须遵循的原则有（　　）。
A. 责任主体原则 　　　　　　　　B. 可控性原则
C. 目标一致原则 　　　　　　　　D. 激励原则
E. 反馈原则

5. 可控成本的基本特征是（　　）。
A. 可预知性 　　　　　　　　　　B. 可计量型
C. 可调控性 　　　　　　　　　　D. 可反馈性

6. 费用中心的业绩，可以通过（　　）来考核。
A. 剩余收益 　　　　　　　　　　B. 标准成本
C. 费用预算 　　　　　　　　　　D. 零基预算

7. 下列各项中，属于成本中心类型的有（　　）。
A. 产品成本中心 　　　　　　　　B. 变动性成本中心
C. 销售成本中心 　　　　　　　　D. 技术性成本中心
E. 酌量性成本中心

8. 下列各项中，能够解释责任成本与产品成本主要区别的表述有（　　）。
A. 成本的特性不同 　　　　　　　B. 归依和分配的对象不同
C. 分配的原则不同 　　　　　　　D. 核算的基础条件不同
E. 核算的主要目的不同

9. 利润中心工作业绩考评的具体内容是（　　）。
A. 销售收入 　　　　　　　　　　B. 成本
C. 边际贡献 　　　　　　　　　　D. 税前利润

10. 与利润中心考核有关的指标包括（　　）。
A. 贡献毛益 　　　　　　　　　　B. 投资报酬率
C. 剩余收益 　　　　　　　　　　D. 可控利润

11. 对投资中心考核与评价的主要指标有（　　）。
A. 净现值 　　　　　　　　　　　B. 投资利润率
C. 经济增加值 　　　　　　　　　D. 剩余收益

12. 在下列各项指标中，属于考核投资中心投资效果的有（　　）。
A. 责任成本 　　　　　　　　　　B. 营业收入

C. 贡献边际 D. 投资利润率
E. 剩余收益

13. 就某一投资中心而言，其投资利润率的提高主要取决于（　　）。
   A. 增加营业资产 B. 增加销售收入
   C. 减少营业资产 D. 降低成本费用

14. 投资报酬率指标的计算方法是（　　）。
   A. 投资利润率×资产周转率
   B. 投资周转率×销售利润率
   C. 投资周转率×成本利润率×销售成本率
   D. 投资利润率×成本利润率×销售成本率

15. 投资中心需要对投资的经济效益负责，因此应拥有充分的（　　）。
   A. 产品销售权 B. 经营决策权
   C. 投资决策权 D. 生产决策权

16. 以市场为基础的协商价格需要具备的条件是（　　）。
   A. 某种形式的外部市场 B. 各组织单位之间共享的信息资源
   C. 准确的中间产品的单位变动成本资料 D. 最高管理层对转移价格的适当干预

17. 以下各项中，属于制定内部转移价格应遵循的原则有（　　）。
   A. 全局性原则 B. 公平性原则
   C. 自主性原则 D. 重要性原则
   E. 例外性原则

18. 常见的内部转移价格有（　　）。
   A. 市场价格 B. 协议价格
   C. 标准成本 D. 实际成本

19. 在责任会计中，企业内部结算方式包括（　　）。
   A. 内部货币结算方式 B. 内部支票结算方式
   C. 转账通知单方式 D. 托收承付结算方式
   E. 应付票据结算方式

20. 内部经济仲裁委员会的工作内容包括（　　）。
   A. 调节经济纠纷 B. 对无法调节的纠纷进行裁决
   C. 办理内部交易结算 D. 办理内部责任结转
   E. 进行业绩考核评价

三、判断题

1. 导致责任会计产生的主要原因是企业规模的扩大。（　　）
2. 责任会计的核心在于利用会计信息对各分权单位的业绩进行计量。（　　）
3. 可控成本和不可控成本的划分是相对的。（　　）
4. 各成本中心的可控成本之和等于企业的总成本之和。（　　）
5. 成本中心实际发生的责任成本大于其责任成本预算的差异是有利差异。（　　）
6. 成本中心没有对外销售权，其工作成果不会形成可以用货币计量的收入。（　　）

7. 对于上级分配来的固定成本，因为利润中心无法控制其数额，所以这部分固定成本的影响在考核时应将其剔除。（ ）

8. 因利润中心实际发生的利润数大于预算数而形成的差异是不利差异。（ ）

9. 利润中心是企业责任中心的最高层次，也是决定企业经济效益高低的关键部门。（ ）

10. 剩余收益指标的优点是可以使投资中心的业绩评价与企业目标协调一致。（ ）

11. 如果中间产品存在非完全竞争的外部市场，那么可以采用市场价格减去对外的销售费用作为转移价格。（ ）

12. 利润或投资中心之间相互提供产品或劳务，最好以市场价格作为内部转移价格。（ ）

13. 以实际成本作为内部转移价格可以避免责任转嫁现象。（ ）

14. 当供应方提供的产品或劳务没有现成的市场价格时，可采用协商价格作为内部转移价格。（ ）

15. 编制责任预算需要在责任报告的基础上进行；责任报告是考核评价经营业绩的载体。（ ）

四、计算分析题

1. 福瑞特集团占用的经营净资产为 95 000 万元，规定的最低投资利润率为 10%。其中，甲公司（福瑞特集团下属的一个子公司）占用的经营资产为 20 000 万元，经营净收益为 3 600 万元。现甲公司有一个新的投资机会，需要占用的投资额为 5 000 万元，可带来的经营净收益为 800 万元。

要求：

（1）计算接受该项投资机会以前，甲公司的投资利润率和剩余收益。

（2）计算接受该项投资机会以后，甲公司的投资利润率和剩余收益。

（3）如果该集团采用投资利润率考核各投资中心的业绩，那么甲公司是否会接受该项新投资机会？为什么？

（4）如果该集团采用剩余收益考核各投资中心的业绩，那么甲公司是否会接受该项新投资机会？为什么？

（5）结合本题，对投资利润率和剩余收益这两个指标做出评价。

2. 赛腾达公司下属甲、乙两个部门，相关资料如表 10-1 所示。

表 10-1　赛腾达公司相关资料

项目	甲部门	乙部门
销货（元）	3 000 000	10 000 000
平均营业资产（元）	1 000 000	3 000 000
营业利润（元）	120 000	330 000
最低期望报酬率（%）	8	8

要求：

（1）计算每个部门的剩余收益，采用该指标是否可以获得对两个部门绩效的有意义比较？

（2）以剩余收益除以平均营业资产来计算剩余报酬率，是否可以显示各部门的绩效？并做出解释。

（3）计算每个部门的投资利润率，利用该指标是否可获得对各个部门绩效的有意义比较？并做出解释。

3. 宝沃公司生产甲产品，现有的资料如下：单位变动成本为120元，全年固定成本为10万元，全年预计销售量12 000台，固定资产平均占用额为200万元。已知该公司目标投资报酬率为25%。

要求：

（1）为实现目标投资利润率，销售单价应定为多少？

（2）假设该公司的销售量分别为10 000台、12 000台和14 000台，分别计算三种情况下的销售利润率、投资周转率及投资利润率。

4. 大华公司设有甲、乙、丙、丁四个部门。20××年度，依传统方式编制的损益表简列如表10-2所示。

表10-2　大华公司20××年度损益表　　　　　　　　　　　单位：美元

项目	甲部门	乙部门	丙部门	丁部门	全公司
收入	150 000	200 000	380 000	505 000	1 235 000
成本及费用	150 000	210 000	420 000	420 000	1 200 000
损益	0	（10 000）	（40 000）	85 000	35 000

鉴于乙、丙两部门已发生亏损，公司当局正考虑将其关闭。经分析后，获悉下列情况：

（1）各部门变动成本及费用占各部门收入的百分比如下：

甲部门　　乙部门　　丙部门　　丁部门
 45%　　　60%　　　60%　　　40%

（2）各部门共同的固定成本及费用共137 500美元，若按各部门员工人数摊入各部门，则如下：

甲部门　　　　　　　　　　　　12 500美元
乙部门　　　　　　　　　　　　30 000美元
丙部门　　　　　　　　　　　　30 000美元
丁部门　　　　　　　　　　　　65 000美元

其他固定成本及费用，皆属各部门的直接成本。

要求：

（1）按部门贡献方式重编该公司损益表。

（2）就乙、丙两部门是否应关闭提供建议，并说明理由。

5. 华丰厂加工车间是成本中心，分设A、B两个工段。20××年8月加工车间发生的可控成本以及A、B两工段发生的可控成本数据分别如表10-3和表10-4所示。

表 10-3　加工车间可控成本资料　　　　　　　　　　　　　　　单位：元

项目	实际成本	成本差异
间接材料	12 500	2 500（不利差异）
间接人工	17 500	1 000（不利差异）
维修费	9 500	2 000（有利差异）
工段长薪酬	4 000	—
合计	43 500	1 500（不利差异）

表 10-4　加工车间 A、B 两工段可控成本资料　　　　　　　　　单位：元

成本项目	A工段		B工段	
	实际成本	成本差异	实际成本	成本差异
直接材料	98 000	4 500（不利差异）	90 000	1 500（有利差异）
直接人工	74 000	3 600（有利差异）	77 800	2 500（不利差异）
制造费用	105 000	1 100（不利差异）	18 000	1 500（有利差异）

要求：根据上述资料，编制该厂加工车间 20××年 8 月份的成本业绩报告。

6. 亿佳合公司 B 利润中心的预算资料和实际结果如表 10-5 所示。

表 10-5　亿佳合公司 B 利润中心的基本情况　　　　　　　　　单位：元

项目	预算	实际
销售收入	600 000	575 000
变动成本	300 000	295 000
变动生产成本	50 000	55 000
变动销售及管理费用		
贡献边际		
固定成本		
固定制造费用	100 000	100 000
固定销售及管理费用	20 000	17 000
营业利润		
所得税（33%）		
营业净利润		

要求：编制该中心的利润报告。

7. 中环公司丙部门为投资中心，该部门本月有关资料如表 10-6 所示。

表 10-6　中环公司丙部门预算执行情况　　　　　　　　　　　单位：元

项目	预算数	实际数
销售收入	20 000	25 000
销售利润	2 800	3 750
经营资产	28 000	31 250
长期负债	13 340	16 340

该部门本月份的预期投资利润率为 10%。

要求：请根据上述资料，编制该部门本月份的业绩报告。

8. 华康厂的 A 投资中心，20×× 年资金成本率为 16%，销售收入、营业利润及投资额的有关资料如表 10-7 所示。

表 10-7　华康厂 A 投资中心基本情况　　　　　　　　　　单位：元

项目	实际数	差异数
销售收入	800 000	50 000（有利差异）
营业利润	220 000	40 000（有利差异）
投资额	640 000	140 000（不利差异）

要求：编制该厂 A 投资中心的业绩报告。

9. 某公司有甲、乙两个事业部，均为投资中心。甲事业部生产的 A 产品既销售给乙事业部，同时也向公司外部销售。20×× 年甲事业部预计生产 A 产品 10 000 件，其中 4 000 件向公司外部销售，单价为 575 元，其余 6 000 件转给乙事业部。单位 A 产品的成本数据如下：

```
变动制造成本              100 元
固定制造成本               50 元
变动销售费用               55 元
固定销售费用               25 元
单位成本                 230 元
```

A 产品内部转移价格的确定有五个方案可供选择：①变动成本；②变动成本加成 40%；③完全成本；④完全成本加成 50%；⑤市场价格（即 575 元）。

要求：

（1）按上述五个方案分别计算 A 产品的销售收入和利润。

（2）上述五个内部转移价格方案中，站在公司角度应选用哪一个？

（3）对于上述五个方案，站在乙事业部角度应选用哪一个？如何操作？

10. 某公司有 A、B 两个分部，A 部向 B 部供应配件，索求的内部转让价格如下：

```
单位变动成本              11 元
单位固定成本               9 元
单位目标利润               4 元
内部转让价格              24 元
```

又知 B 部可从外部市场以每件 20 元的价格购入上述配件。

要求：

（1）区分下列两种情况，讨论 B 部和总公司应如何决策？

1）假定 A 部有剩余生产能力。

2）假定 A 部没有剩余生产能力，并且其产品可以以 24 元的价格销往公司外部。

（2）如果出现某个分部的决策有损公司利益的情况，应该如何解决？

五、案例分析

胜利公司是一家集团公司，有 A、B、C、D 四个分部。A 部根据公司政策，拟签订一条生产线建设合同，招标说明书已在集团内外传阅，天山公司以 3 600 万元的报价准备签订这份合同，而且说明生产线所需的电子元件将从胜利公司 C 部购买。这条生产线共需电子元件费用为 1 000 万元。

胜利公司 B 部也以 4 500 万元的价格投标，B 部也将使用 C 部提供的电子元件，其价值为 1 000 万元；另外，某些工作分包给 D 部，价值 800 万元。

其他有关资料如下：

（1）C 部提供的电子元件成本为 700 万元。

（2）D 部贡献毛益率为 40%。

（3）编制报价单时，B 部以成本为转让价格，在变动成本基础上加成 20%。

（4）完成合同无须其他附加的固定成本支出。

要求：

（1）图示说明胜利公司各分部与天山公司有关报价的相互关系。

（2）分下列两种情况讨论 A 部愿意接受哪家公司？胜利公司愿意接受哪家公司？

1）所有分部的生产能力过剩。

2）集团外部对 D 部的业务需求强烈。

练习题答案

一、单项选择题

1-5	6-10	11-15	16-20
ABACC	BDBAC	CDDDA	DBCBB

二、多项选择题

1	2	3	4	5
ABCD	ACD	ABC	ABCDE	ABC
6	7	8	9	10
CD	DE	BCDE	ABCD	AD
11	12	13	14	15
BCD	DE	BCD	BC	ABCD
16	17	18	19	20
ABCD	ABCD	ABC	ABC	AB

三、判断题

1-5	6-10	11-15
×√√√×	√√××√	×√×√×

四、计算分析题

1．

（1）投资利润率 =18%；剩余收益 =1 600 万元

（2）投资利润率 =17.6%；剩余收益 =1 900 万元
（3）不接受本项新机会。原因略。
（4）略。
（5）略。

2.
（1）剩余收益（甲）=40 000 元；剩余收益（乙）=90 000 元。解释略。
（2）剩余报酬率（甲）=4%；剩余报酬率（乙）=3%。解释略。
（3）投资利润率（甲）=12%；投资利润率（乙）=11%。解释略。

3.
（1）由　投资利润率 = 营业利润 ÷ 投资额

有　$25\% = \dfrac{(P-120) \times 12\,000 - 100\,000}{2\,000\,000}$

得　$P = 170$ 元/台

（2）

1）销售量为 10 000 台时：

销售利润率 = 利润额 ÷ 销售收入 = $\dfrac{(170-120) \times 10\,000 - 100\,000}{170 \times 10\,000} \times 100\% = 23.53\%$

投资周转率 = 销售收入 ÷ 投资额 = 170 × 10 000 ÷ 2 000 000 次 = 0.85 次

投资利润率 = 利润额 ÷ 投资额 = $\dfrac{(170-120) \times 10\,000 - 100\,000}{2\,000\,000} \times 100\% = 20\%$

或：投资利润率 = 投资周转率 × 销售利润率 = 0.85 × 23.53% = 20%

2）销售量为 12 000 台时：

销售利润率 = 利润额 ÷ 销售收入 = $\dfrac{(170-120) \times 12\,000 - 100\,000}{170 \times 12\,000} \times 100\% = 24.51\%$

投资周转率 = 销售收入 ÷ 投资额 = 170 × 12 000 ÷ 2 000 000 次 = 1.02 次

投资利润率 = 利润额 ÷ 投资额 = $\dfrac{(170-120) \times 12\,000 - 100\,000}{2\,000\,000} \times 100\% = 25\%$

或：投资利润率 = 投资周转率 × 销售利润率 = 1.02 × 24.51% = 25%

3）销售量为 14 000 台时：

销售利润率 = 利润额 ÷ 销售收入 = $\dfrac{(170-120) \times 14\,000 - 100\,000}{170 \times 14\,000} \times 100\% = 25.21\%$

投资周转率 = 销售收入 = 170 × 14 000/2 000 000 次 = 1.19 次

投资利润率 = 利润额 ÷ 投资额 = $\dfrac{(170-120) \times 14\,000 - 100\,000}{2\,000\,000} \times 100\% = 30\%$

或：投资利润率 = 投资周转率 × 销售利润率 = 1.19 × 25.21% = 30%

4.
（1）按部门贡献方式重编的公司损益表如表 10-8 所示。

表 10-8　部门贡献式损益表　　　　　　　　　　　　单位：万美元

	甲部门	乙部门	丙部门	丁部门
收入	15	20	38	50.5
边际贡献	8.25	8	15.2	30.3

（续）

	甲部门	乙部门	丙部门	丁部门
可控固定成本	7	6	16.2	15.3
可控边际贡献	1.25	2	−1	15
不可控固定成本	1.25	3	3	6.5
部门税前利润	0	−1	−4	8.5

（2）略。

5. 华丰厂加工车间 20×× 年 8 月实绩报告如表 10-9 所示。

表 10-9　加工车间成本业绩报告　　　　　　　　单位：元

项目	预算成本	实际成本	成本差异
工段责任成本：			
A 工段	275 000	277 000	2 000（不利差异）
B 工段	186 300	185 800	500（有利差异）
小计	461 300	462 800	1 500（不利差异）
本车间可控成本：			
间接材料	10 000	12 500	2 500（不利差异）
间接人工	16 500	17 500	1 000（不利差异）
维修费	11 500	9 500	2 000（有利差异）
工段长薪酬	4 000	4 000	—
小计	42 000	43 500	1 500（不利差异）
合计	503 300	506 300	3 000（不利差异）

6. 亿佳合公司 B 利润中心的利润报告如表 10-10 所示。

表 10-10　亿佳合公司 B 中心利润报告　　　　　　　单位：元

项目	预算	实际	差异
销售收入	600 000	575 000	−25 000
变动成本			
变动生产成本	300 000	295 000	−5 000
变动销售及管理费用	50 000	55 000	5 000
贡献边际	250 000	225 000	−25 000
固定成本			
固定制造费用	100 000	100 000	0
固定销售及管理费用	20 000	17 000	−3 000
营业利润	130 000	108 000	−22 000
所得税（33%）	42 900	35 640	−7 260
营业净利润	87 100	72 360	−14 740

7. 中环公司丙部门的业绩报告如表 10-11 所示。

表 10-11 中环公司丙部门业绩报告　　　　　　　　　　　单位：元

摘要	实际	差异
销售收入	25 000	5 000
销售利润	3 750	950
经营资产	31 250	3 250
长期负债	16 340	3 000
销售利润率	15%	1%
投资利润率	12%	2%

8. 华康厂 A 投资中心的业绩报告如表 10-12 所示。

表 10-12 华康厂 A 投资中心业绩报告

项目	预算数	实际数	差异数
销售收入（元）	750 000	800 000	50 000（有利差异）
销售成本（元）	57 0000	580 000	10 000（不利差异）
营业利润（元）	180 000	220 000	40 000（有利差异）
投资额（元）	500 000	640 000	140 000（不利差异）
销售利润率（%）	24	27.5	3.5（有利差异）
投资周转率（次）	1.5	1.25	0.25（不利差异）
投资报酬率（%）	36	34.375	1.625（不利差异）
资金成本（%）	16	16	—
应计资金成本（元）	80 000	102 400	22 400（不利差异）
剩余收益（元）	100 000	117 600	17 600（有利差异）

9.
（1）

1）变动成本：

内部转移价格：100+55 元 =155 元

销售收入：内部销售收入 =155×6 000 元 = 930 000 元

　　　　　对外销售收入 =575×4 000 元 = 2 300 000 元

　　　　　小计　　　　　　　　　　　3 230 000 元

销售成本：　　　　230×10 000 元 =2 300 000 元

销售利润：　　　　　　　　　　930 000 元

2）变动成本加成 40%：

内部转移价格：155×(1+40%) 元 =217 元

销售收入：内部销售收入 =217×6 000 元 = 1 302 000 元

　　　　　对外销售收入 =575×4 000 元 = 2 300 000 元

小计　　　　　　　　　　　　　3 602 000 元
销售成本：　　　230×10 000 元 = 2 300 000 元
销售利润：　　　　　　　　　　　1 302 000 元
3）全部成本：
内部转移价格：100+55+50+25 元 =230 元
销售收入：内部销售收入 =230×6 000 元 = 1 380 000 元
　　　　　对外销售收入 =575×4 000 元 = 2 300 000 元
　　　　　小计　　　　　　　　　　　3 680 000 元
销售成本：　　　230×10 000 元 = 2 300 000 元
销售利润：　　　　　　　　　　　1 380 000 元
4）全部成本加成 50%：
内部转移价格：230×(1+50%) 元 =345 元
销售收入：内部销售收入 =345×6 000 元 = 2 070 000 元
　　　　　对外销售收入 =575×4 000 元 = 2 300 000 元
　　　　　小计　　　　　　　　　　　4 370 000 元
销售成本：　　　230×10 000 元 = 2 300 000 元
销售利润：　　　　　　　　　　　2 070 000 元
5）市场价格：
内部转移价格：575 元
销售收入：内部销售收入 =575×600 元 = 3 450 000 元
　　　　　对外销售收入 =575×4 000 元 = 2 300 000 元
　　　　　小计　　　　　　　　　　　5 750 000 元
销售成本：　　　230×10 000 元 = 2 300 000 元
销售利润：　　　　　　　　　　　3 450 000 元

（2）就公司而言，应选用市场价格，因为这对买卖双方无所偏袒，而且能调动甲事业部的生产积极性，促使他们努力改善经营管理，不断降低成本。

（3）站在乙事业部角度，应选用单位变动成本（即 155 元）。

可在公司内部选用双重内部转移价格，乙事业部用 155 元变动成本作为计价基础，甲事业部则可采用市场价格作为计价基础。

10.
（1）

1）站在 B 部角度，不论何种情况均应选择从外部市场购进，因为从外部市场购进价格 20 元低于内部转移价格 24 元。

2）站在总公司角度考虑，应区别对待：

①A 部有剩余生产能力：对总公司而言，从外部市场购进，总公司付出的代价为每件 20 元，而公司内部转移的相关成本仅为变动成本 11 元，因此总公司应选择内部转移。

②若 A 部无剩余生产能力，并且其产品可以 24 元的价格销往公司外部，若采用内部转让，则会丧失对外销售获得的贡献毛益 13 元，即内部转移方案会产生 13 元的机会成本。此时，外购方案的成本依然为 20 元，而内部转移方案的成本为 24 元（11+13=24）。

因此，总公司应选择外购方案。

（2）双重价格可以满足买卖双方的不同需求，避免因内部定价过高迫使买方不得不转向外部市场采购、导致卖方生产能力出现闲置现象。本题中，公司可采用双重内部转移价格，乙事业部选用 20 元市场价格，甲事业部则可采用 24 元转移价格，中间的 4 元差额由总公司在管理费用中列示。

五、案例分析

（1）略。

（2）

1）不论哪种情况，A 部愿意接受天山公司，因为天山公司的报价（3 600 万元）小于 B 部的报价（4 500 万元）。

2）对胜利公司而言，应分别区分不同情况：

① 所有分部的生产能力过剩：

天山公司：

报价	3 600 万元
减：C 部盈利 (1 000 万元 -700 万元)	300 万元
胜利公司净成本	3 300 万元

B 部：

报价	4 500 万元
减：B 部利润额 (4 500/1.2 × 0.2)	750 万元
C 部利润 (1000 万元 -700 万元)	300 万元
D 部贡献毛益 (800 × 40%)	320 万元
胜利公司净成本	3 130 万元

结论：胜利公司应选择 B 部。

② 集团外部对 D 部的业务需求强烈：

天山公司：（同上） 3 300 万元

B 部：

报价	4 500 万元
减：B 部利润	750 万元
C 部利润 (1000 万元 -700 万元)	300 万元
胜利公司净成本	3 450 万元

结论：胜利公司应选择天山公司。

第十一章 业绩评价与管理层激励

思维导图

学习指导

一、学习目的与要求

通过对本章的学习，读者应了解业绩评价的理论基础、构成要素、设计原则与实施步骤；理解业绩评价体系的演进历程；掌握经济增加值法的含义、应用环境、应用程序及相关指标的计算方法；掌握关键绩效指标法的特点、关键绩效指标的制定原则和建立程序以及关键绩效指标体系的建立方法；掌握平衡计分卡的定义、应用环境和应用程序；掌握绩效棱柱模型的定义、应用环境和应用程序；理解管理层激励的必要性、公司激励机制的主要内容，以及高管薪酬激励的主要内容。

二、学习重点

本章的学习重点是掌握经济增加值法、关键绩效指标法、平衡计分卡和绩效棱柱模型的基本含义、应用环境和应用程序。

三、学习难点

本章的学习难点是理解不同的业绩评价方法所适用的组织环境、应用程序，以及管理层激励面临的现实困境。

练习题

一、单项选择题

1. 以下关于经济增加值的基本概念错误的是（　　）。
   A. 经济增加值是指企业税后净营业利润减去包括股权、债务等全部投入资本的机会成本后的所得
   B. 经济增加值是企业经过调整的营业净利润扣除其全部所用资本的机会成本后的剩余利润
   C. 经济增加值就是低于资本成本的投资回报
   D. 经济增加值强调企业经营所使用的资本和债务是有成本的，把机会成本和实际成本结合起来，强化了提高资本使用效率这个目标

2. 根据企业公开的财务报告计算披露的经济增加值时，不需纳入调整的事项是（　　）。
   A. 计入当期损益的品牌推广费　　B. 计入当期损益的研发支出
   C. 计入当期损益的商誉减值　　　D. 表外长期性经营租赁资产

3. 下列属于平衡计分卡客户方面考评指标的是（　　）。
   A. 市场占有率　　　　　　　　　B. 质量指标
   C. 员工生产率　　　　　　　　　D. 成长速度

4. 下列属于平衡计分卡学习与成长方面考评指标的是（　　）。
   A. 质量指标　　　　　　　　　　B. 员工留住率
   C. 盈利能力　　　　　　　　　　D. 顾客保持率

5. 下列属于平衡计分卡财务方面业绩动因的是（　　）。
   A. 资产、资本结构　　　　　　　B. 市场调查
   C. 研究开发计划　　　　　　　　D. 员工的学历和经历

6. 下列属于平衡计分卡客户方面业绩动因的是（　　）。
   A. 资产运转能力　　　　　　　　B. 销售服务
   C. 增值作业的增值程度　　　　　D. 员工的学历和经历

7. 下列属于平衡计分卡内部业务流程方面业绩动因的是（   ）。
   A. 资产运转能力 B. 广告宣传
   C. 成本指标 D. 员工的教育和培训

8. 平衡计分卡指标体系构建时，企业应以（   ）维度为核心，其他维度的指标都与核心维度的一个或多个指标相联系。通过梳理核心维度目标的实现过程，确定每个维度的关键驱动因素，结合战略主题，选取关键绩效指标。
   A. 财务 B. 客户
   C. 内部业务流程 D. 学习与成长

9. 以下不属于关键绩效指标法特点的是（   ）。
   A. 系统性 B. 绩效可控性
   C. 认可度高 D. 一惯性

10. 企业的关键绩效指标一般可分为结果类和动因类两类指标，其中结果类指标包括（   ）。
    A. 资本性支出 B. 单位生产成本
    C. 经济增加值 D. 员工满意度

11. 绩效棱柱模型适用于管理制度比较完善、业务流程比较规范和管理水平相对较高的大中型企业，其应用对象可以是（   ）。
    A. 企业、企业各级所属部门、员工 B. 企业各级所属部门、员工
    C. 企业、员工 D. 企业、企业各级所属部门

12. 在绩效棱柱模型指标体系中，与监管机构相关的利益相关者满意评价指标通常有（   ）。
    A. 总资产报酬率 B. 社会贡献率
    C. 工资收入增长率 D. 客户满意度

13. 在绩效棱柱模型指标体系中，与供应商相关的利益相关者满意评价指标通常有（   ）。
    A. 逾期付款次数 B. 人均工资
    C. 客户投诉率 D. 派息率

14. 在绩效棱柱模型指标体系中，与客户相关的业务流程评价指标通常有（   ）。
    A. 标准化流程比率 B. 内部控制有效性
    C. 产品合格率 D. 采购合同履约率

15. 在绩效棱柱模型指标体系中，与投资者相关的利益相关者贡献评价指标通常有（   ）。
    A. 按时交货率 B. 税收优惠程度
    C. 客户忠诚度 D. 融资成本率

16. （   ）对经营者产生激励，它使得经营者具有职位特权，享受职位消费，给经营者带来正规报酬激励以外的物质利益满足。因为经营者的效用除了货币物品外，还有非货币物品。
    A. 所有权 B. 经营控制权
    C. 剩余控制权 D. 剩余支配权

17. 围绕高管薪酬有很多理论和观点，但是总体而言，对其影响最大也是最深刻的当属（　　）。它对高管薪酬的设计有三个最主要的启示：首先，高管人员的薪酬应与企业业绩挂钩；其次，这一联系应随着企业经营环境风险的增大而减弱；最后，在外界相关信息可利用的情况下，应该引入相对业绩评估。

　　A. 委托代理理论　　　　　　　　B. 权变理论
　　C. 激励理论　　　　　　　　　　D. 行为理论

18. 以股东财富最大化为导向的业绩评价主要是衡量经营者是否为股东的财富增值，关系到经营者的奖惩、职位升降等问题。能体现出股东财富增值程度的评价指标主要是经调整后的（　　）。

　　A. 税后营业净利润　　　　　　　B. 非经常性损益
　　C. 经济增加值　　　　　　　　　D. 净资产收益率

19. 共同治理模式下的公司治理遵循的是"剩余索取权应由利益相关者掌握"的逻辑，认为公司是利益相关者相互之间缔约的"契约网"，公司治理的主体是（　　），客体是经营者，治理目标是利益相关者价值最大化。

　　A. 股东　　　　　　　　　　　　B. 投资人
　　C. 债权人　　　　　　　　　　　D. 利益相关者

20. 一般而言，对经营者的薪酬激励由（　　）、奖金、股票与股票期权、退休金计划等构成。

　　A. 浮动薪金　　　　　　　　　　B. 底薪加提成
　　C. 固定薪金　　　　　　　　　　D. 提成薪金

二、多项选择题

1. 科学地评价企业的业绩可以（　　）。
A. 为出资人行使经营者的选择权提供重要依据
B. 激励企业经营者提供可靠依据
C. 加强对企业经营者的监管和约束
D. 为政府有关部门、债权人、企业员工等利益相关方提供信息支持

2. 企业的业绩评价体系由以下几个要素构成，具体包括（　　）。
　　A. 评价者　　　　　　　　　　　B. 评价对象
　　C. 评价结论　　　　　　　　　　D. 评价标准
　　E. 激励机制

3. 企业业绩评价的主体分为（　　）两个层次。
　　A. 评价者　　　　　　　　　　　B. 企业的所有者
　　C. 企业上级管理层　　　　　　　D. 普通员工

4. 在选择业绩评价主体的时候，应注意以下原则，具体包括（　　）。
　　A. 应有利于实现企业利润最大化　B. 应便于降低代理成本
　　C. 要有监督的动机和能力　　　　D. 评价主体必须与企业的利益相关

5. 以利润为核心的财务模式的特点是（　　）。
　　A. 综合考虑成本和收益　　　　　B. 以利润作为业绩评价的主要指标

C. 未考虑企业的资本成本　　　　D. 以投资者利益为业绩评价的价值取向

6. 经济增加值评价系统的特点是（　　）。

A. 综合考虑成本和收益

B. 不仅考虑产品的制造成本，而且考虑企业的资本成本

C. 以经济增加值为绩效评价的主要指标

D. 以所有利益相关者的利益为绩效评价的价值取向

7. 20世纪80年代后，全球竞争日益激烈，面对新经济环境的挑战，业绩评价研究领域出现了一系列的新观点和新方法，比较明显的特征是，非财务指标开始纳入企业绩效评价体系之中，逐渐形成了财务绩效和非财务绩效相结合的业绩评价模式，其中的典型代表包括（　　）。

A. 卡普兰和诺顿提出的平衡计分卡　　B. 戴维·帕门特提出的关键绩效指标
C. 斯腾思特咨询公司提出的经济增加值　D. 尼利提出的绩效棱柱模型

8. 在计算披露的经济增加值时，下列各项中，需要进行调整的项目有（　　）。

A. 研究费用　　　　　　　　　B. 争取客户的营销费用
C. 资本化利息支出　　　　　　D. 企业并购重组费用

9. 经济增加值计算时的会计调整项目包括（　　）。

A. 研究开发费、大型广告费等一次性支出但收益期较长的费用

B. 反映付息债务成本的利息支出，不作为期间费用扣除，计算税后净营业利润时扣除所得税影响后予以加回

C. 营业外收入、营业外支出具有偶发性，将当期发生的营业外收支从税后净营业利润中扣除

D. 将当期减值损失扣除所得税影响后予以加回，并在计算资本占用时相应调整资产减值准备发生额

E. 递延税金不反映实际支付的税款情况，将递延所得税资产及递延所得税负债变动影响的企业所得税从税后净营业利润中扣除，相应调整资本占用

10. 可口可乐瑞典饮料公司正在其不断发展的公司中推广平衡计分卡的概念。若干年来，可口可乐公司的其他子公司已经在做这项工作，但是，总公司并没有要求所有的子公司都用这种方式来进行报告和管理控制。平衡计分卡的内容有（　　）。

A. 财务角度　　　　　　　　　B. 客户角度
C. 内部流程角度　　　　　　　D. 学习与成长角度
E. 浮动薪金　　　　　　　　　F. 底薪加提成

11. 平衡计分卡每个方面通常包括的基本项目是（　　）。

A. 战略目标　　　　　　　　　B. 评价指标
C. 业绩动因　　　　　　　　　D. 标准数据指标
E. 具体指标和评分

12. 下列属于平衡计分卡客户方面考评指标的是（　　）。

A. 客户满意度　　　　　　　　B. 客户保持率
C. 客户获得率　　　　　　　　D. 市场占有率
E. 客户获利率

13. 下列属于平衡计分卡学习与成长方面考评指标的是（   ）。
    A. 增值能力   B. 成长速度
    C. 市场占有率   D. 员工留住率
    E. 员工生产率
14. 下列属于平衡计分卡财务方面业绩动因的是（   ）。
    A. 资产运转能力   B. 经营耗费水平
    C. 资产、资本结构   D. 作业成本
    E. 增值作业的增值程度
15. 有关绩效棱柱模型的表述正确的是（   ）。
    A. 坚持主要利益相关者价值取向，使主要利益相关者与企业紧密联系
    B. 涉及多个主要利益相关者，对每个主要利益相关者都要从五个构面建立指标体系，指标选取复杂，部分指标较难量化
    C. 有利于实现企业与外部利益相关者的共赢，为企业可持续发展创造良好的外部环境
    D. 对企业信息系统和管理水平有较高要求，实施难度大、门槛高
16. 企业的关键绩效指标一般可分为结果类和动因类两类指标，其中结果类指标包括（   ）。
    A. 投资回报率   B. 净资产收益率
    C. 经济增加值   D. 资本性支出
17. 企业的关键绩效指标一般可分为结果类和动因类两类指标，其中动因类指标包括（   ）。
    A. 息税前利润   B. 产量
    C. 自由现金流量   D. 客户满意度
18. 建立关键绩效指标的方法多种多样，具体有（   ）。
    A. 内部导向法   B. 关键成功因素法
    C. 策略目标分解法   D. 外部导向法
19. 通过关键成功因素分析法建立关键绩效指标体系有以下步骤，包括（   ）。
    A. 制定岗位（员工）级关键绩效指标
    B. 利用鱼骨图分析法，确定企业的成功要素
    C. 确定关键绩效领域
    D. 利用战略地图，确定企业的成功要素
    E. 确定企业宏观战略目标
20. 公司激励机制应该包括以下几方面内容，即（   ）。
    A. 聘用与解雇激励机制   B. 薪酬激励机制
    C. 剩余支配权与经营控制权激励机制 D. 决策激励机制
    E. 声誉或荣誉激励机制

三、判断题

1. 激励机制是业绩评价行为的延伸和反馈，有利于评价对象行为的改善。   （   ）

2. 评价主体依据一定的评价目标，通过一定的评价指标体系进行业绩评价，形成评价结论，并通过一定的激励机制来影响评价客体的行为，使之更好地为满足评价主体的评价目标而工作。（　　）

3. 在业绩评价的成本模式中，成本分类控制阶段的主要特征是开始重视事前预测和事中控制，建立标准成本制度，使成本分类和成本核算更加科学。（　　）

4. 业绩评价的财务模式可以进一步分为以成本核算和成本控制为核心的财务模式和以经济增加值为核心的财务模式。（　　）

5. 市场增加值指标不能用于内部业绩评价。（　　）

6. 经济增加值法不可以单独使用，必须与关键绩效指标法、平衡计分卡等其他方法结合使用。应用经济增加值法建立的绩效评价体系，应赋予经济增加值指标较高的权重。（　　）

7. 平衡计分卡每个方面业绩考评指标的数量是固定不变的。（　　）

8. 企业在应用平衡计分卡时，所属的各责任中心的战略主题、KPI 相应的战略举措和资源配置等信息一般都应绘制到一张图上。（　　）

9. 战略地图制定后，应以平衡计分卡为核心编制绩效计划。绩效计划是企业开展绩效评价工作的行动方案，包括构建指标体系、分配指标权重、确定绩效目标值、选择计分方法和评价周期、签订绩效责任书等一系列管理活动。（　　）

10. 企业在选取关键绩效指标时，应尽量剔除来自外部环境的影响，重点反映员工对工作职责范围的直接可控领域。（　　）

11. 建立关键绩效指标的方法多种多样，具体有外部导向法、关键成功因素法和策略目标分解法等。其中，外部导向法是以企业的宏观战略和长远发展目标为基础，通过提炼企业成功的关键要素并实施有效监督，经过逐级分解并合理量化，建立企业关键绩效指标评价体系的方法。（　　）

12. 绩效棱柱模型适用于管理制度比较完善，业务流程比较规范，管理水平相对较高的大中型企业，其应用对象可以是企业、企业各级所属单位（部门）以及员工。（　　）

13. 在绩效棱柱模型的实施程序中，优化战略和业务流程是企业开展绩效评价工作的行动方案，包括构建指标体系、分配指标权重、确定绩效目标值、选择计分方法和评价周期、签订绩效责任书等一系列管理活动。（　　）

14. 如果说监督或约束是事后纠正，那么激励则是事先预防。激励的核心是使经营者将对个人效用最大化的追求转化为对企业利润最大化的追求。（　　）

15. 对剩余支配权的分配，即如何在股东和经营者之间分配事后剩余或利润。如果一个契约能实现剩余最小化，那么这样的契约无疑是一种最优的选择。企业得到的剩余越接近于企业家开创性的努力，则激励效果越好。（　　）

四、计算分析题

1. 某公司以经济增加值为目标，确定 2019 年增加值为 2 000 万元。目前，该公司在进行 2019 年的财务规划：2018 年公司实现销售收入 20 000 万元，净利润 2 000 万元，平均资产总额 8 000 万元，平均无息流动负债 800 万元；2019 年预计实现销售收入增长

10%，销售净利润，资产周转率不变，且平均无息流动负债与销售收入比例不变；拟投入研发费 500 万元；目前资产负债率为 60%，负债的平均利率（利息/负债）为 5%；所得税率为 25%，加权平均资本成本率为 10%。

要求：预测该公司明年经济增加值，并分析是否能实现既定目标。

2. 设计绩效棱柱模型。中国石油天然气集团有限公司（简称"中国石油"）在网站（http://www.cnpc.com.cn/cnpc/jtjj/jtjj_index.shtml）上指出：中国石油坚持以新时代中国特色社会主义思想为指导，围绕建设世界一流综合性国际能源公司目标，坚持稳健发展方针，以提高质量效益为中心，大力实施资源、市场、国际化和创新战略，着力加强党的建设、弘扬石油精神、重塑良好形象、推进稳健发展，规划到 2020 年规模实力保持世界一流水平，经营业绩、国际竞争力达到国际大公司先进水平，在建设具有全球竞争力的世界一流企业进程中走在中央企业前列，为保障国家能源安全、实现中华民族伟大复兴的中国梦做出新的更大贡献。

要求：请根据年报和你能够找到的其他信息，为中国石油开发一个绩效棱柱模型。该绩效棱柱模型将帮助中国石油实现愿景，并监督其在执行战略行动方面的表现。

五、案例分析

上海家化控制权变迁中的权力博弈与股权激励设计动机

1. 上海家化的第一轮股权激励

自 2006 年起，隶属于上海市国资委的上海家化开始尝试推行股权激励计划。2006 年 7 月 25 日，上海家化披露其首次股权激励计划。该计划经两次修订后，得到上级主管单位的认可，2008 年 1 月 12 日经股东大会审议通过后开始实施（见表 11-1）。

表 11-1　上海家化第一轮股权激励计划

项目	草案（2006年7月25日）	最终实施方案（2007年12月26日）
激励方式	限制性股票	未变更
激励数量	1 600万股，占总股本的9.13%	560万股，占总股本的3.2%
授予价格	计算方法：在该激励计划草案摘要公布日前90个交易日（不含公布日）的收盘价的简单算术平均值×90%；取值：8.94元/股	未变更
禁售与解锁期	分3次授予，禁售期6个月	一次性授予，禁售期2年，解锁期3年

2. 上海家化的第二轮股权激励

2011 年年底，上海市国资委将其持有的上海家化 100% 股权转让给中国平安集团的子公司平浦投资，相关的工商登记变更手续于 2012 年 2 月 16 日完成。2012 年 4 月，变身为非国有企业的上海家化推出了第二轮股权激励计划（见表 11-2）。终极控股股东的变更直接改变了上海家化的所有权性质，但在短期内对其董事会和管理层并没有造成很大影响。在推出第二轮股权激励计划时，公司的董事会成员并没有发生变化，而且中国平安作为新的终极控股股东尚未在董事会中占有席位。

表 11-2　上海家化第二轮股权激励计划

激励方式	限制性股票
激励数量	2 540.5万股，占总股本的6.01%
授予价格	计算方法：在审议通过该激励计划草案的董事会决议日前20个交易日的股票均价×50%；取值：16.41元/股
禁售与解锁期	禁售期：自授予日起12个月；解锁期：3年，按所获限制性股票总量的40%、30%和30%分3期申请解锁

3．上海家化的第三轮股权激励

在所有权变更后，随着创业元老级董事长及其团队的退出，2013～2014年上海家化的核心管理层和董事会成员发生了较大的变化。最终，由终极控股股东推荐的候选人任董事长和薪酬考核委员会委员，这标志着控股股东在董事会中的权力提升。在拥有公司的实质控制权后，2014年4月10日，上海家化推出了针对董事长的股票增值权激励计划。2015年3月17日和19日，又进一步推出了除董事长以外的管理层股权激励计划。本案例将其统称为上海家化的第三次股权激励方案（见表11-3）。

表 11-3　上海家化第三轮股权激励计划

（一）董事长长期激励计划	
激励方式	股票增值权
激励数量	首期授予484 653份，第二期和第三期授予数量所对应的虚拟股票总价值不低于首期授予时的股票增值权所对应的虚拟股票总价值
授予价格	首期，在董事会审议通过该方案之日前30个交易日的平均收盘价，取值为34.4元/股；第二期和第三期，在授予日前30个交易日的平均收盘价
等待期与有效期	首期、第二期和第三期的等待期分别为3年、2年和1年，有效期6年
（二）管理层股权激励计划	
激励方式	限制性股票+股票期权
激励数量	80.80万份股票期权，占总股本的0.1202%；179.82万份限制性股票，占总股本的0.2674%
授予（行权）价格	限制性股票的授予价格：在该激励计划草案摘要公布前20个交易日的均价×50%，取值为19.61元/股；股票期权的行权价格：在该激励计划草案摘要公布前一个交易日的收盘价与前30个交易日的平均收盘价中较高者
等待期与有效期	禁售（等待）期为12个月，其后分3次解锁（行权），有效期4年

要求：根据上海家化的三次股权激励计划方案及其实施背景，分析大股东治理行为的变化是否会对管理层实施股权激励的动机产生影响？管理层对此会做出怎样的反应？

练习题答案

一、单项选择题

1-5	6-10	11-15	16-20
CCABA	BCADC	DBACD	BACDC

二、多项选择题

1	2	3	4	5
ABCD	ABCDE	BC	BCD	ABCD
6	7	8	9	10
ABC	ABD	ABD	ABCDE	ABCD
11	12	13	14	15
ABCDE	ABCDE	DE	ABC	ABD
16	17	18	19	20
ABC	BD	BCD	BCE	ABCE

三、判断题

1-5	6-10	11-15
√√××√	×××√√	×××√×

四、计算分析题

1.

净利润 =2 000×(1+10%) 万元 =2 200 万元

平均资产 =8 000×(1+10%) 万元 =8 800 万元

平均无息流动负债 =800×(1+10%) 万元 =880 万元

平均负债 =8 800×60% 万元 =5 280 万元

有息负债 =5 280-880 万元 =4 400 万元

利息支出 =4 400×5% 万元 =220 万元

税后净营业利润 =2 200+(220+500)×(1-25%) 万元 =2 740 万元

调整后资本 =8 800-880 万元 =7 920 万元

经济增加值 =2 740-7 920×10% 万元 =1 948 万元

因为预计的经济增加值（1 948 万元）低于目标经济增加值（2 000 万元），所以不能实现目标。

2. 略。

五、案例分析

解析：股权激励计划的设计动机体现的是管理层与控股股东权力博弈的结果。股权激励预案由董事会提出，在管理层控制董事会时，股权激励预案就容易成为管理层自定薪酬、自谋福利的工具；但董事会在推出股权激励预案时需考虑该预案能否在股东大会上表决通过，得到控股股东的认可。因此，控股股东积极的监督作用可以与管理层的权力形成制衡，抑制股权激励设计中的福利动机。提出第一次和第二次股权激励方案的上海家化董事会虽都由相同的管理层控制，但两轮股权激励契约的条款设计却迥然不同，原因在于两次股权激励推出时，公司控股股东的治理效应发生了变化。在第一次股权激励方案推出时，公司的终极控股股东是上海市国资委，国有企业"弱约束"问题使国有控股股东对管理层的行为无法进行实质有效的监督，导致该轮股权激励契约的设计主要

> 管理会计学习指导

由公司内部人员控制。第二次股权激励方案是在公司刚变更为非国有企业时提出的,非国有控股股东尚未取得公司的实质控制权,为了保障自身利益不被管理层侵占,发挥了积极的监督作用。这在一定程度上抑制了股权激励设计的福利动机,实现了股权激励缓解管理层代理冲突的激励动机。在经历了控制权之争的阵痛和管理团队更替的波折后,控股股东通过控制上海家化董事会,有效缓解了管理层代理问题。此时推出的第三次股权激励计划不再是为了缓解管理层代理冲突,而是成为现金流权和控制权分离的控股股东收买管理层的工具。

第十二章 战略管理会计

▶ 思维导图

管理会计学习指导

▶ **学习指导**

一、学习目的与要求

本章的学习目的是使读者在了解战略管理会计相关概念及其原理的基础上，了解战略管理会计研究的内容，明确战略管理会计在企业经营决策中应用的技巧。

本章的学习要求是，了解战略管理会计的产生与发展，以及战略管理会计与战略管理的关系；明确战略管理会计的概念；掌握战略管理会计的特征；熟悉战略管理会计的基本程序；明确战略管理会计的研究内容；熟悉结构性成本动因与执行性成本动因的特征以及战略定位的内容；领会各种竞争战略的基本思想。

二、学习重点

本章的学习重点是企业总体战略、经营竞争战略的定位与类型。

三、学习难点

本章的学习难点是掌握价值链分析和战略成本动因分析的方法。

▶ **练习题**

一、单项选择题

1. 在学术界，正式提出"战略管理"一词是在（　　）。
   A. 20世纪50年代　　　　　　　　B. 20世纪60年代
   C. 20世纪70年代　　　　　　　　D. 20世纪80年代

2. 下列项目中，属于战略管理核心问题的是（　　）。
   A. 确定企业目前的宗旨和目标　　B. 分析环境
   C. 制定战略　　　　　　　　　　D. 组织实施

3. 下列各项中，属于战略管理特点的是（　　）。
   A. 长期性　　　　　　　　　　　B. 全面性
   C. 层次性　　　　　　　　　　　D. 动态性

4. 有助于企业加强内部成本管理，确保战略目标实现的是（　　）。
   A. 结构性成本动因分析　　　　　B. 执行性成本动因分析
   C. 规模性成本动因分析　　　　　D. 技术性成本动因分析

5. 围绕企业的优势与劣势、机会与威胁所开展的分析，在战略管理会计中属于（　　）。
   A. 经营环境分析　　　　　　　　B. 战略定位分析
   C. 价值链分析　　　　　　　　　D. 竞争能力分析

6. 如果供应商的讨价还价能力强且企业处于劣势时，则表明（　　）。
   A. 供应商的产品供大于求　　　　B. 供应商的产品无法替代
   C. 供应商的产品销路不畅　　　　D. 供应商无参与本行业竞争的意图

7. 下列各项中，属于有较高市场增长率和较高的市场占有率业务的是（　　）。

A. 瘦狗类 B. 金牛类
C. 明星类 D. 野猫类

8. 如果企业业务组合矩阵中处在"金牛"状况下，则企业应采取（   ）。

A. 收获战略 B. 增长战略
C. 撤退战略 D. 固守战略

9. 企业通过避免直接竞争来取得成功，这种战略是（   ）。

A. 成本领先战略 B. 差异化战略
C. 专一化战略 D. 竞争优势战略

10. 在历史上，最早提出成本领先、差异化和专一化三种竞争战略的人是（   ）。

A. 钱德勒 B. 安瑟夫
C. 魁因 D. 波特

11. 在1981年首次提出"战略管理会计"一词的是著名管理学家（   ）。

A. 波特 B. 西蒙
C. 安瑟夫 D. 卡普兰

12. 企业的宗旨和目标可以解决的问题是（   ）。

A. 企业到底从事什么产品的生产 B. 企业到底从事什么事业
C. 企业到底往哪里去 D. 企业到底依靠什么

13. 波士顿咨询集团于20世纪70年代初开发了（   ）。

A. 产品组合矩阵方法 B. 成本组合矩阵方法
C. 费用组合矩阵方法 D. 业务组合矩阵方法

14. 如果某产品的市场占有率高，但市场增长率不高，则该种状况被称为（   ）。

A. 瘦狗类 B. 金牛类
C. 明星类 D. 野猫类

二、多项选择题

1. 下列各项中，属于战略管理会计产生和发展的原因有（   ）。

A. 电子计算机技术的进步 B. 社会生产关系的进步
C. 战略管理理论的推动 D. 社会生产力的进步
E. 战略术语的引入

2. 下列各项中，能够揭示战略管理会计明显特征的表述有（   ）。

A. 提供多样化的会计信息 B. 改进了项目评价的尺度
C. 改进了业绩评价的尺度 D. 内部管理和控制方法不断创新
E. 拓宽了传统管理会计的研究范围

3. 下列各项中，属于战略管理层次的有（   ）。

A. 企业层战略 B. 经营层战略
C. 职能层战略 D. 资源层战略
E. 产品层战略

4. 下列各项中，属于战略管理会计研究内容的有（   ）。

A. 企业的经营环境分析　　　　　B. 价值链分析
C. 竞争能力分析　　　　　　　　D. 竞争战略的选择
E. 竞争优势的保持

5. 从战略的角度看，成本动因的内容应当包括（　　）。
A. 结构性成本动因　　　　　　　B. 执行性成本动因
C. 规模性结构动因　　　　　　　D. 技术性结构动因
E. 能力性成本动因

6. 下列关于产业价值链分析的说法，正确的有（　　）。
A. 是指整个产业的纵向整体分析
B. 可以帮助企业明确自己在产业价值链中的位置
C. 企业与下游间的连接关系也会影响其成本结构
D. 是由企业内部的一连串"价值活动"所构成的
E. 需要通过对竞争对手的价值链调查来展开分析

7. 分析企业竞争能力，需要分析企业的（　　）。
A. 优势　　　　　　　　　　　　B. 劣势
C. 成绩　　　　　　　　　　　　D. 机会
E. 威胁

8. 下列各项中，能体现供应商讨价还价能力强的具体表现有（　　）。
A. 供应产品质量的相对提高　　　B. 供应产品质量的相对降低
C. 供应价格的提高　　　　　　　D. 供应价格的降低
E. 供应范围的扩大

9. 下列各项中，能体现客户讨价还价能力强的具体表现有（　　）。
A. 客户购买量占企业销售量的比重大　B. 客户没有很多可供选择的供应者
C. 产品对客户具有独特的吸引力　　　D. 客户有变外购为自产的意图
E. 企业销售产品的定价水平高

10. 下列各项中，属于战略管理目标的有（　　）。
A. 谋取成本最小化　　　　　　　B. 谋取利润最大化
C. 形成企业竞争优势　　　　　　D. 使贡献边际最大化
E. 创造企业的核心竞争力

11. 竞争战略是由波特提出的，具体包括（　　）。
A. 成本领先战略　　　　　　　　B. 增长型战略
C. 差异化战略　　　　　　　　　D. 组合型战略
E. 专一化战略

12. 企业价值链分析的内容包括（　　）。
A. 产品生产合理配合分析　　　　B. 作业链分析
C. 成本动因分析　　　　　　　　D. 资源动因分析
E. 成本优势分析

13. 下列各项中，属于结构性成本动因的有（　　）。
A. 规模　　　　　　　　　　　　B. 范围

C. 产品设计 D. 工厂的布局
E. 厂址

14. 企业价值链分析的对象比较宽泛，涉及（   ）。
   A. 供应商 B. 客户
   C. 企业本身 D. 行业本身
   E. 产业本身

15. 下列各项中，属于结构性成本动因基本特征的有（   ）。
   A. 成本一旦确定常常难以变动 B. 发生的支出属于资本性支出
   C. 其程度越高越好 D. 成本一旦确定常常可以改变
   E. 发生的支出属于收益性支出

16. 分析企业的竞争强度，可以从不同方面做出判断，这些方面主要有（   ）。
   A. 同行业中不同企业内部资源的对比 B. 潜在或新进入者的障碍分析
   C. 供应商的讨价还价能力分析 D. 客户的讨价还价能力分析
   E. 替代产品的威胁分析

17. 要明确企业的优势和劣势、机会与威胁，最有效的途径是将同产业中的不同企业的内部资源进行对比。下列各项中，可供比较的项目有（   ）。
   A. 产品 B. 管理
   C. 研究与开发 D. 市场
   E. 战略

18. 如果某企业已估计到可能存在新的竞争者，而市场容量又无限制，那么在这种情况下，该企业可以采取的措施有（   ）。
   A. 继续投资，形成经济规模 B. 对同类型企业进行兼并
   C. 退出该产业 D. 更新产品
   E. 与其合作

19. 下列各项中，能够揭示实施低成本战略特征的有（   ）。
   A. 追求广阔的市场 B. 生产有限的产品品种
   C. 追求低价格 D. 追求高价格
   E. 生产多种产品品种

20. 战略管理会计条件下，要求企业适应内外环境的变化而采用一些更为先进的内部管理和控制方法，这些方法包括（   ）。
   A. 适时生产系统 B. 作业成本法
   C. 全面质量管理 D. 企业再造工程
   E. 标杆制度

三、判断题

1. 1972 年，美国学者波特首先提出战略管理这一概念。（   ）
2. 在国际上，首次提出"战略管理会计"一词的具体时间是 1981 年。（   ）
3. 战略管理会计与传统管理会计相比更加重视非货币性的会计信息。（   ）
4. 制定企业战略只包括企业的总体战略而不包括企业的分层战略。（   ）

5. 特定产业环境属于企业经营环境中的内部环境。　　　　　　　　　　（　　）
6. 成本动因是导致成本发生的因素，战略管理会计认为企业成本的高低只与业务量有关。　　　　　　　　　　　　　　　　　　　　　　　　　　　　　　（　　）
7. 根据成本动因理论，产品设计的可接受性是指产品工艺的设计是否合理。（　　）
8. 产业的价值链分析是指对整个产业进行横向整体分析。　　　　　　　（　　）
9. 投资收益率的高低是决定企业采取相应竞争战略以及战略定位的重要因素之一。
　　　　　　　　　　　　　　　　　　　　　　　　　　　　　　　　（　　）
10. 替代产品的出现常常会加剧所属产业中不同企业之间的竞争。　　　（　　）
11. 如果选择的新产业的投资收益率大于该企业目前的整体投资收益率，那么企业应进入新产业，否则就不应进入。　　　　　　　　　　　　　　　　　　　（　　）
12. 低成本战略要求企业在采用此种战略时，必须在促销方面投入大量的资金以扩大其产品的影响。　　　　　　　　　　　　　　　　　　　　　　　　　　（　　）
13. 通过结构性成本动因分析，有助于企业做出横向规模和纵向规模的战略决策。
　　　　　　　　　　　　　　　　　　　　　　　　　　　　　　　　（　　）
14. 传统成本管理，实质上采用了"竞争优势"的观念。　　　　　　　　（　　）
15. 战略管理的重点不在于战略的实施，而在于战略的决策。　　　　　（　　）
16. 在通常情况下，操作性成本动因的程度越高越好。　　　　　　　　（　　）
17. 战略管理会计更加重视非货币的会计信息，如未来的市场份额、已有的影响、消极的作用和激励程度等。　　　　　　　　　　　　　　　　　　　　　　（　　）
18. 如果实际中某产品的市场增长率高，但市场占有率却低，则该种状况被称为"瘦狗"。在这种情况下，投资风险较大，企业在制定战略时要格外小心。　　（　　）
19. 如果某企业拟占有较广阔的市场，那么该企业只能采取低成本战略。（　　）
20. 如果某企业产品定价较高，则可以断定该企业采取的是差异化战略。（　　）

四、案例分析

从战略管理会计角度进行的零部件自制与外购的综合决策案例

已知：某计算机信息公司是北卡罗来纳州德海姆地区的一家小型企业。因为公司在服务和可靠性方面有很好的信誉，所以客户不断增长。该公司所需零部件的采购成本是500美元，其中价值300美元的部分也可以自制，自制的单位材料成本是190美元，每月的人工和设备成本是55 000美元，该公司目前拟进行该部分零部件是自制还是外购的决策。

如果该公司自制零部件，还拟将营销、运送货物和服务外包给德海姆地区的另一家公司JBM公司，这样每月可为该公司节约成本175 000美元。外包的合同价是在每月平均销售600台计算机的基础上，每台的价格为130美元。该公司对此利用价值链、竞争能力等分析进行最终的综合决策。

该公司利用价值链分析确定，产业价值链包括：设计、原材料采购、零部件的形成、计算机装配、销售和最终用户六个环节。除上述资料外，该公司目前的主要作业生产是将从外部电子公司购入的零部件和少量的金属加工件装配成产品，装配的单位成本是250美元。依据上述资料，该公司据此编制的产业价值链分析表如表12-1所示。

表 12-1　计算机信息公司的产业价值链分析表

价值作业	方案一：维持目前状况（外购零部件）	方案二：自制零部件（同时外包销售、货物运送和服务）
设计	该公司与此价值链无关	
原材料采购	该公司与此价值链无关	
只能外购的零部件	采购这些零部件的单位成本是200美元	
既可自制也可外购的零部件	采购这些零部件的单位成本是300美元	该公司的单位生产人工成本为190美元，外加每月固定费用55 000美元
装配	单位成本为250美元	
销售、货物运送和售后服务	每月成本为175 000美元	外包给JBM公司，单位成本为130美元

要求：分别按传统管理会计和战略管理会计的方法为该公司做出零部件是自制还是外购的决策。

练习题答案

一、单项选择题

1-5	6-10	11-14
CADBB	BCABD	BBAB

二、多项选择题

1	2	3	4	5
ABCDE	ABCDE	ABC	ABCD	AB
6	7	8	9	10
ABC	ABDE	BCE	AD	CE
11	12	13	14	15
ACE	ABC	ABE	ABC	AB
16	17	18	19	20
ABCDE	ABCDE	AD	ABC	ABCDE

三、判断题

1-5	6-10	11-15	16-20
×√√××	×××√√	√×√×√	√×××√

四、案例分析

（1）依题意，假设该公司的月销售量为 600 台，按照传统管理会计的方法计算，两方案的相关成本计算如下：

方案一的相关成本 = 300 × 600 + 175 000 美元 = 355 000 美元

方案二的相关成本 = (190+130) × 600 + 55 000 美元 = 247 000 美元

计算结果表明，该公司应选择方案二，这样可以使该公司每月可节约成本 108 000 美元（355 000－247 000）。

（2）从战略管理会计的角度看，该公司必须结合公司的竞争战略情况进行综合考虑。

首先，该公司认为销售之所以不断增长是因为客户满足于该公司的服务和可靠性，这是该公司的优势，将该公司的销售、货物运送和服务外包给其他公司是不明智的，这样做，有可能会降低该公司的市场份额。

其次，如果该公司变外购零部件为自制零部件，那么就会使该公司走向与其他制造商进行低成本竞争的道路，而该公司的规模较小，若与产业价值链中该环节已经存在的富有竞争力的大公司（如IBM、COMPAQ、DELL）相互竞争，则该公司实行低成本竞争成功的可能性不大，因为这不是该公司的优势所在。

因此，从战略管理会计的角度来看，应选择方案一。但该方案的成本较高，应予以高度重视。经过进一步的分析，该公司确定了成本高的相关作业，从而为采取措施降低成本提供了依据。另外通过上述分析，该公司的竞争优势和劣势得到充分了解，这为公司的战略修订与决策提供了重要的信息。

第十三章 价值链成本管理

▶ 思维导图

学习指导

一、学习目的与要求

通过本章学习，读者应了解价值链成本管理的思想；理解价值链成本管理的特点及与传统成本管理的不同，理解并关注价值链成本管理的方法，理解社会需求、科技发展对成本管理的影响；掌握生命周期成本与目标成本法的基本内容；理解精益生产环境下产品成本如何分配。

二、学习重点

本章的学习重点是理解价值链成本管理的特点，掌握价值链成本管理的各种方法，社会需求、科技发展对成本管理的影响，以及精益生产的实现。

三、学习难点

本章的难点是掌握技术、经营、财务各职能部门如何整合以实现精益会计，以及精益生产环境下价值流成本管理。

练习题

一、多项选择题

1. 下列（   ）定义了精益生产系统。
   A. 消除浪费   B. 创造价值
   C. 降低成本   D. 持续流程
   E. 以上均对

2. 下列对价值链表述错误的（   ）。
   A. 只有增值作业   B. 既有增值作业又有非增值作业
   C. 只有非增值作业   D. 强调标准成本法控制
   E. 以上均对

二、计算分析题

Silverado 部件公司生产生命周期较短（少于 2 年）的电子产品。因此其产品开发很快，而产品利润与能否找到生产成本低、后勤成本低的设计方案休戚相关。最近，管理层也认识到购后成本对设计决策非常重要。上个月，管理层收到一份关于新产品的建议。预计市场对产品的需求总数为 200 000 件（2 年时间内）。建议售价是 130 美元 / 件，按这一价格销售的预计市场份额可达到 25%。预计制造成本和后勤成本是 120 美元 / 件。研发成本为 100 000 美元。Silverado 的所有者要求 15 美元 / 件的回报。

要求：
1. 计算与初始 25% 的市场份额相关的目标成本，初始设计符合该目标吗？
2. 计算现有（初始）设计的生命周期利润总额（包括生产前成本）。

三、简答题

1. 描述精益生产的基本特征。
2. 社会需求、科技发展等的变革会对成本管理有何影响？
3. 说明生命周期成本管理和目标成本法的基本内容。
4. 现行的价值链成本管理方法有哪些？

四、案例分析

1. 戴尔公司的经验

戴尔公司利用技术和信息将计算机价值链上的供应商、生产商和消费者的流程垂直地联合起来。公司的创立者迈克尔·戴尔（Michael Dell）认为，这种做法会使戴尔公司获得更高的生产效率和更强的盈利能力。此外，他认为"实质性联合"的公司将会成为信息时代的组织模型。对市场而言，价值链上的所有组织就像是一个整体。

供应商为计算机生产零部件。戴尔公司将供应商的送货与生产的计划协调起来。供应商生产的零部件只有在需要时才直接送到车间，而不是送到仓库，也无须经过卸货、检查、储存和领用等环节，这就需要供应商和消费者的信息与计划能够持续地分享。

索尼（Sony）公司为戴尔公司的计算机提供显示屏。但是，显示屏在发送给消费者之前并不送到戴尔公司，而是由 Airborne Express 或 UPS 将它们同需要发送的计算机一起包装，一起发送给消费者。

戴尔公司重视提高产品的价值和减少消费者的成本，例如 Eastman Chemical 和波音公司。Eastman Chemical 的计算机需要专业化程度很高的软件，如果在收到计算机送货后再安装这种软件，那么每台计算机需要的花费会超过 200 美元。为了减少消费者的成本，戴尔公司在组装计算机时就为每台计算机安装这种专业软件，其安装费用只有 15～20 美元。

波音公司有 100 000 台戴尔计算机，戴尔公司则有 30 名员工长驻波音公司。"我们看起来更像是波音公司的计算机部门"，戴尔说。他注意到，戴尔公司已经密切地参与到波音公司的计算机需求计划和网络计划之中。

要求：本案例说明了哪些管理思想和管理方法在决策中的应用？

2. 福耀玻璃的价值链成本管理

福耀玻璃属于重资产工业行业，全球市场空间在 1000 亿～1100 亿美元之间，全球行业前 4 占据了 90% 多的市场份额，旭硝子、福耀、板硝子和圣戈班，都各占一部分市场份额，也都有各自的壁垒。服务的主机厂基本上都是固定的，相对都有壁垒，争夺对手的市场不太容易。

福耀的优势主要体现在控制成本方面，由于管理水平基本做到极致，毛利率提升空间很小，只能从研发销售高端汽车玻璃做文章。比如太阳能玻璃天窗，电控变色玻璃，还有抬头显示玻璃等，提升单套单价。

另外就是利用汽车市场萧条的机会，伺机收购竞争对手的工厂，从而提高全球市场占有率。

实际上，福耀并不是在2014年就直接进入美国建厂，而是早在2004年就开始做美国市场，始终一直冷静观察，等待时机，这其中必然看到了蛋糕，直到等到这次建厂机会。

总之，短赛道空间有限，可以腾挪的空间不大，只能精益求精做好成本控制，以机器替代人工，减少成本。目前，福耀也在全力推进，福清本部已开始了数量不小的裁员。

要求：进一步收集福耀玻璃价值链成本管理的相关资料，分析福耀玻璃如何运用价值链成本管理，在全球化竞争中，实现走出去战略。该案例对国内企业走出去战略有哪些启示？

练习题答案

一、多项选择题

1	2
ABCDE	ACDE

二、计算分析题

1.
目标成本 = 目标价格 - 目标利润 =130-15 美元/件 =115 美元/件
预计成本是122美元（120+100 000/50 000），因此不符合目标。

2.
预计生命周期利润总额 =（130-122）× 50 000 美元 =400 000 美元

三、简答题

1. 描述精益生产的基本特征。

精益生产有两个主要目标——消除浪费和为客户创造价值。其特征是精益思想——关注客户价值、价值流、产品流、需求拉动和追求完善。价值的获得是要以最低的成本在客户需要的时间发送适当数量的高质量（零缺陷）产品。价值流由增值和非增值的所有作业组成，它实现了一类产品或服务从起点（如客户订单或新产品概念的提出）到完工产品到达客户手中的整个过程。价值流分析要求确认并消除浪费。精益生产显著减少了等待和搬运时间，并要求生产小批量（低产量）的不同产品（多品种）。实现这些的关键因素是减少生产准备时间和单元式生产。需求拉动系统有助于通过在客户需要时生产所需数量的产品来消除浪费。零生产准备时间、零缺陷、零库存、无浪费、按需生产、增加单元生产率、成本最小化和客户价值最大化是精益生产寻求的理想结果。通过对这些精益生产目标的不懈追求可以实现完美状态。

2. 社会需求、科技发展等的变革会对成本管理有何影响？

（1）社会环境的变化：

1）社会需求的变化。随着社会的发展，人民的生活水平也会不断提高，人们可自由支配的收入将大大增加，继而会对消费提出越来越高的要求，使消费者的行为也变得更加理性和成熟，消费者要求获得多样化、能体现个性的标新立异的产品。这种社会需求的重大变化，要求现代企业的生产要具有高度的灵活反应能力，也就是能迅速向消费者提供他们所需的量少、质高、多样化的产品。与此相适应，现代企业要想在国际市场谋得一席之地，其传统的大批量单一化生产方式也正在转变为小批量多样化的生产方式。

2）卖方市场向买方市场的变化。卖方市场向买方市场的转变，使企业间的竞争越加激烈。企业为了生存，为了激发消费者的购买欲望，不断向市场提供新产品，而这些产品又很快被更新型、独特的产品所取代。产品的生命周期越来越短，有些产品还没有达到成熟期就开始退出市场，企业由传统的以产定销转向以销定产的生产方式。在企业的经营管理上，从原来单纯的降低成本向低成本、高质量和快速交货、完善售后服务的方向发展。

3）经济全球化。经济全球化使企业所面对的市场更加广阔，与此同时，企业也要面对更多的竞争对手，企业之间的竞争也更加激烈。企业为了追求企业价值最大化的目标，不被市场所淘汰，只有运用比其他企业更加适合本企业、更加有效的管理方法进行企业的经营和管理。

（2）技术环境的变化：

随着5G时代的到来，"人工智能""大数据""互联网+"等新技术，尤其是信息技术的发展，帮助现代企业不断把高新技术应用到生产中去，借以提高企业生产的信息程度，形成一定的计算机网络处理体系，为成本管理提供了信息管理的平台，达到了信息的及时提供，消除了信息的滞后性。现代企业借助高新技术的力量，通过弹性灵活的生产方式，达到了产品生产的高效率和灵活性，从而在很大程度上促进了企业劳动生产率和经济效益的提高。同时，使得企业对供应商的了解程度提高，更加关注买方需求，强调服务和产品质量，使企业成本管理由只关注生产成本向关注价值链的成本管理转变，也使得企业采用价值链成本管理的难度降低，提高成本管理的精确化、信息化和智能化。

从上面两方面的现实变化，迫使传统成本管理向成本管理的深度和广度发展。

3. 说明生命周期成本管理和目标成本法的基本内容。

生命周期成本管理关注价值链作业管理，从而建立起长期竞争优势。生命周期成本管理的目标和精益生产相同，即降低成本和创造价值。目标成本法是完成这些目标的一个主要方法。降低成本的三个典型方法是：①反向设计；②价值分析；③流程改进。价值分析不仅有助于降低成本，还明确考虑了如何为客户创造价值。

4. 现行的价值链成本管理方法有哪些？

价值链成本管理方法主要有生命周期成本法、目标成本法、Kaizen成本法和精益会计。

四、案例分析

1. 通过本案例的分析可以看到，戴尔公司应用了以下管理思想和管理方法：

（1）价值链管理会计的思想。戴尔公司将自身经营活动分解为若干战略相关的价值活动、纵向价值链、横向价值链和内部价值链。将企业的经营目标分解为追求价值链利益最大化，而非单纯的企业自身利益最大化。这种"实质性联合"使价值链上的所有组织形成一个整体，也使戴尔公司获得了更高的生产效率和更强的盈利能力。

（2）适时制/零存货管理的思想。零存货管理使戴尔公司在降低成本的同时也有助于提高产品质量，使戴尔公司在市场竞争中立于不败之地。

（3）进行产品价值分析，以最低的总成本可靠地实现产品的必要功能，提高产品效益。通过功能成本分析，戴尔公司有效地提高了产品价值，同时降低了消费者的成本。

2. 略。

第十四章 环境管理会计

▶ **思维导图**

▶ **学习指导**

一、学习目的与要求

通过本章的学习,要求读者了解环境管理会计的发展历程,明确环境管理会计的概念,掌握环境成本的分类及环境管理会计的主要内容,了解环境业绩的评价。

二、学习重点

本章的学习重点是充分理解环境管理的概念,掌握环境成本的分类,明确并掌握环境管理会计的基本要素和管理方法,以及理解环境管理会计的信息披露方式。

三、学习难点

本章的难点是掌握环境业绩的评价方法。

练习题

一、计算分析题

某公司致力于持续改进环境业绩，其 20×8 年的环境成本信息如表 14-1 所示。

表 14-1 20×8 年的环境成本信息

环境作业	环境成本（元）
处置危险废物的成本	500 000
对排放的污染物进行监测	350 000
设计流程和产品	1 400 000
清理被污染现场	1 200 000
对员工进行危险废物处理的培训	400 000

这些成本与公司所生产的两种产品有关，为了准确计算这两种产品的环境成本，公司还收集了如表 14-2 所示的资料。

表 14-2 资料

作业	A产品	B产品
处置危险废物/t	50	750
对排放的污染物进行监测（次）	4 000	16 000
设计流程和产品/h	5 000	2 000
清理被污染现场（人工工时）	10 000	30 000
员工培训（时间）	200	200

20×8 年公司共生产了 800 000 件 A 产品，1 000 000 件 B 产品。

要求：

（1）利用上述数据，计算每种产品的单位环境成本，并说明该资料有什么用途。

（2）为了减少污染，环境工程师建议从次年，即 20×9 年起对流程进行调整，从而使排放的废弃物重量减少了 50%（其中 A 产品减少了 25t，B 产品减少了 375t）。同时，清理被污染现场的时间也减少了 20%（A 产品 2 000h，B 产品 6 000h），请计算上述行动所带来的节约额（假设 20×9 年产量与 20×8 年相同）。

二、简答题

1. 环境管理会计是如何产生的？其内涵是什么？有什么作用？
2. 环境成本的含义是什么？如何分类？
3. 简述环境业绩评价。

练习题答案

一、计算分析题

（1）处置污染废物成本：A产品 625×25元 =15 625元　　B产品 625×375元 = 234 375元

清理污染现场的成本：A产品 30×2 000元 =60 000元　　B产品 30×6 000元 = 180 000元

计算数据如表14-3所示。

表14-3　每种产品的单位环境成本

环境作业	环境成本（元）	作业量	单位作业成本（元）	A产品	B产品
处置危险废物的成本	500 000	800	625	31 250	468 750
对排放的污染物进行监测	350 000	20 000	17.5	70 000	280 000
设计流程和产品	1 400 000	7 000	200	1 000 000	400 000
清理被污染现场	1 200 000	40 000	30	300 000	900 000
对员工进行危险物处理的培训	400 000	400	1 000	200 000	200 000
环境成本合计				1 601 250	2 248 750
产品产量				800 000	1 000 000
单位产品环境成本				2.001	2.249

用途略

（2）略。

二、简答题

1. 环境管理会计是如何产生的？其内涵是什么？有什么作用？

环境管理会计的产生，以环境成本管理为其核心内容，即通过确认和计量环境成本，了解、把握环境成本的变化趋势和产生原因，进而控制环境成本，在改善环境业绩的同时提高财务业绩。

环境管理会计是生成、分析并利用财务和非财务信息以优化企业的环境和经济业绩，实现可持续经营的系统，是管理会计在新的社会经济形势下的合理发展。

环境管理的主要作用在于为受环境因素影响的决策过程提供信息支持。例如，指出与环境有关的活动对于财务报表的影响，揭示削减成本和其他改进的机会，优化环境行为，指导产品定价，产品组合和开发的决策，提高客户价值，进行投资决策和支持可持续性经营等。和管理会计一样，环境管理会计也包括了决策与控制，既服务于企业的经营决策，也服务于战略决策，具有系统性和整体性。

2. 环境成本的含义是什么？如何分类？

环境成本是本着对环境负责的原则，为管理企业活动对环境造成的影响而采取或被要求采取措施的成本，以及因企业执行环境目标和要求所付出的其他成本。环境成本按照不同功能具体可分为：环境污染补偿成本、环境治理成本、环境保护维持成本和环境保护发展成本；环境成本按照是否由企业承担分类，可分为内部环境成本和外部环境成本；从经营和管理的全过程看，可以将环境成本分为环境资源成本、环境控制成本和环境故障成本。

3. 简述环境业绩评价。

环境战略的实施需要借助环境业绩评价系统来完成。首先要考虑环境业绩指标的设计。根据 ISO 14031 的环境业绩评价体系标准，环境业绩指标可以分成两类三种，即环境状况指标（ECI）和环境业绩指标（EPI），环境业绩指标又包括经营业绩指标（OPI）和管理业绩指标（MPI）。设计环境业绩指标时，应考虑企业所处行业和经营业务的特点、设立的环境目标和有关法规的要求，要考虑组织结构的特点以及成本效益。对企业环境业绩评价时，一般采用财务指标和非财务指标相结合的方法。对个人的激励，则根据环境业绩评价的结果而进行。可以考虑采用环境系数，也可以采用内部环境税。

参 考 文 献

[1] 吴大军，牛彦秀. 管理会计习题与案例 [M]. 大连：东北财经大学出版社，2018.
[2] 吴大军. 管理会计 [M]. 3 版. 大连：东北财经大学出版社，2014.
[3] 孙茂竹，支晓强，戴璐. 管理会计学学习指导 [M]. 8 版. 北京：中国人民大学出版社，2019.
[4] 扇昭祥，邓雪雅. 新编现代管理会计学辅导与练习 [M]. 大连：东北财经大学出版社，2014.
[5] 杨慧辉，潘飞，刘钰莹. 控制权变迁中的权力博弈与股权激励设计动机——基于上海家化的案例分析 [J]. 财经研究，2019（8）：141-152.
[6] 冯巧根. 管理会计 [M]. 北京：中国人民大学出版社，2017.
[7] 冯巧根. 管理会计案例与学习指导书 [M]. 2 版. 北京：中国人民大学出版社，2013.
[8] 郑爱华，等. 管理会计学习指导 [M]. 徐州：中国矿业大学出版社，2006.
[9] 刘运国. 管理会计学习指导书 [M]. 2 版. 北京：中国人民大学出版社，2015.
[10] 温素彬. 管理会计理论·模型·案例 [M]. 3 版. 北京：机械工业出版社，2019.
[11] 斯坎特，等. 管理会计——决策制定与业绩激励 [M]. 王立彦，等译. 2 版. 北京：中国人民大学出版社，2015.
[12] 乐艳芬. 成本管理会计 [M]. 上海：复旦大学出版社，2014.
[13] 杨洁. 管理会计 [M]. 北京：清华大学出版社，2015.
[14] 张绪军，杨桂兰. 管理会计学 [M]. 上海：复旦大学出版社，2012.
[15] 闫华红. 中级财务管理 [M]. 北京：北京科学技术出版社，2018.